Über den Autor

Eric Damster
Mr. ED

Mr. ED ist Trau- und Traueredner. Im Jahr 2011 hielt er die erste Trauerrede für seinen eigenen Vater und fand seine Berufung, Traureden so zu gestalten, dass man durchaus beim zuhören und trauern zum schmunzeln kommen darf.

Mit einer Prise Humor, Respekt vor den Angehörigen, aber niemals Angst vor dem Tod, hält er Deutschlandweit Trauerreden.
Jahrelange Erfahrung bedeutet keine Routine.
Immer ist das Herz dabei.
So auch in diesem Buch voller Zeichen!

Du kannst als Leser selber entscheiden, ob Du die aufgeführten Geschichten glaubst oder nicht.

Mr. ED bekehrt nicht. Er gibt lediglich die Hoffnung, dass es nach dem Tod weitergeht.

Eric Damster Mr. ED

Zeichen aus dem

Jenseits?

Wieso das denn jetzt?

tredition

Lektorat: Manuela Damster

Buchsatz von tredition, erstellt mit dem tredition Designer

ISBN Softcover: 978-3-347-59764-8
ISBN Hardcover: 978-3-347-59765-5
ISBN E-Book: 978-3-347-59766-2
ISBN Großschrift: 978-3-347-59767-9

Druck und Distribution im Auftrag des Autors:
tredition GmbH, Halenreie 40-44, 22359 Hamburg, Germany

Zeichen aus dem Jenseits?

Wieso das denn jetzt?

Von Menschen, die Zeichen manchmal gar nicht erwarteten.

Die Erzählungen, die Du hier in diesem Buch finden wirst, sind stellenweise so unglaublich, dass man fast vom Glauben abfallen könnte.

Wirst Du aber nicht. Also, vom Glauben abfallen.

Im Gegenteil. Einmal mehr gibt dieses Buch Kraft, Glauben und Hoffnung, dass es eben nicht aus ist, wenn wir von dieser Erde abtreten.

Lassen wir die Zeichen zu, ohne Fanatismus zu betreiben.

Achte zumindest darauf, dass Dein Mund während des Lesens nicht allzu lange vor Staunen offen steht.

Eric Damster

Mr. ED

Zeichen aus dem Jenseits?

Wieso das denn jetzt?

Verlag & Druck

tredition GmbH, Hamburg

Halenreie 40-44

22359 Hamburg

Kapitel?

Wer gerne und viel liest, erwartet hier die Seitenangabe der jeweiligen Kapitel.

In diesem Buch ist es mit den jeweiligen Kapiteln wie mit Zeichen.

Du musst sie nicht suchen. Sie begegnen Dir. Sei offen und lass Kapitel zu wie Zeichen.

Sei wachsam!

Adelschlag im März 2022

(Start Oktober 2021 oder auch 1966)

Zeichen aus dem Jenseits?
Wieso das denn jetzt?

Sie schrie mich an (warum soll ich auch mit einem langen Vorwort beginnen?):

„Ich habe sie gesehen.“ Ich schaue sie verwundert an. Ich meine, ich kann mir denken, was jetzt kommt, aber warum wird sie wieder so laut? Sie wurde immer laut, wenn es um Glaubensfragen ging.

Ein Merkmal, welches mir immer wieder bestätigte, dass Glaubenskriege nur deswegen entstehen, weil man sich nie sicher ist, ob das, was man glaubt, wirklich wahr ist. Oder, wie meine Oma immer zu sagen pflegte:

"Wer schreit, hat Unrecht.“ (Und dafür werden riesige Gebäude in Milliardenhöhen für Politiker gebaut, damit sie sich lauthals Unrechtes in verbaler Form an die Köpfe werfen.)

„Also Inge, wen hast Du gesehen?“ frage ich seelenruhig und schaue sie fest dabei an. Als Kind hatte ich vor ihr und ihrem Mann immer Respekt, manchmal auch Angst. Ich meine, gerade ihr Mann war ja dafür bekannt, dass er seine beiden Kinder auch mal mit dem Gürtel verdrosch, um seiner Hilflosigkeit einmal mehr Nachdruck verleihen zu können. Jetzt sitze ich ihr als erwachsener Mann gegenüber. Lange weg aus der Heimat, habe ich Scheu, Furcht und Respekt gegenüber Personen abgelegt, die mir etwas erzählen wollen, wovon sie selber gar nichts wissen. Inge ist so alt wie meine Mutter. Wir gingen in die gleiche Kirche, sangen im gleichen Chor, bis ich mit 18 Jahren entschied, meinen eigenen Weg zu gehen, mir mein eigenes Bild zu machen. Von Gott und von einem Weiterleben nach dem Tod. Diese Inge macht mir keine Angst mehr. Ich bin gerade 44 Jahre alt und sehe die Welt offener, anders und trotzdem neugierig. Dafür brauche ich aber diese Kirche nicht. Eine andere auch nicht.

Ich gab mir nie die Mühe, in einer anderen Kirche Seelenheil zu finden. Menschenwerk hört nicht auf, solange Menschen am Werk sind. (Wie weise ich doch werde)

„Ich habe die Ilse gesehen", schreit sie wieder. „Wer auch immer diese Ilse ist", denke ich, wir hatten damals noch so viele Menschen in den Gotteshäusern, die Gott nicht wollte und nach dem Krieg hieß doch jede dritte Frau Ilse...ich habe keine Ahnung, von wem Inge spricht (schreit). Ich schmunzle innerlich. Nun kommt doch wieder diese Furcht der

Kindheit vor dieser Inge hoch. Ich wage mich nicht, sie anzuschmunzeln. Aber eher, weil ich sie nicht noch reizen will. Nicht *noch* mehr.

Mir fällt dieses alte Gedicht ein:

Ilse Ilse, keiner willse,
doch der Koch, der nahm sie doch,
weilse so nach Pilze roch.

Aber ich traue mich gerade nicht, Inge zum Lachen zu bringen. Sie würde auch nicht lachen. Sie ist in Rage: „Die Ilse!!! Sie stand vor mir. Während des Gebets in der Kirche. Auf einmal stand sie vor mir und schaute mich an, lächelte und sagte: *Alles wird gut.*" Jetzt dämmert es mir. Die Ilse also. Also die Ilse. Wenn -Also- ihr Nachname gewesen wäre, hätten wir ein schönes Wortspiel mit Ilse Also. Die *Also, Ilse* also. Ich muss aufpassen, dass ich nicht anfange zu lachen. Zumal ich versucht bin, Inge zu fragen, warum sie während des Gebets die Augen offen hatte. Das war untersagt. Mein Bruder machte sich mal den Spaß, während des Gebets zu schauen, wer alles die Augen geöffnet hatte. Aber das ist nicht der geeignete Augenblick. So, wie auch spätere Augenblicke nie die geeigneten Augenblicke sein werden, Inge zu fragen, warum sie, obwohl sie doch so eine wunderbare Begegnung hatte, mich laut anschreien musste. Jahre später wusste ich, warum. Ihr Sohn Olaf und ich gingen schon lange nicht mehr in die

Kirche. Ich, seit dem 19. Lebensjahr konsequent. Olaf immer mal wieder sporadisch, seinen Eltern zu Liebe. Das lag mir gar nicht. Wenn ich nicht ging, ging ich nicht. Nun wollte Inge mich bekehren. Mich lauthals davon überzeugen, dass es Zeichen und Wunder gibt. Ja Inge, Du Ungläubige, Zaudernde. Ich glaube, dass es ein Wiedersehen gibt mit all den Lieben, die vor mir gingen. Allerdings musste ich deswegen noch nie jemanden anschreien. Ich sah den Sinn nie darin, aber danke, dass Du Dich so um mich sorgst und versuchst, meine arme, kleine Seele zu retten. Heute weiß ich, dass Inge nicht mal halluzinierte. Sie redete sich etwas ein und meinte, nur Ihre Konfession und deren Angehörigen werden einmal gerettet. Da sie aber selber nicht sicher war, dass es so ist, suchte sie verzweifelt nach Bestätigung und Anerkennung. Ich sehe heute noch die weit aufgerissenen Augen und dieses hassverzerrte Gesicht vor mir, dessen Mund mir versucht zu erklären, dass es nur einen Erlöser geben kann. Angesichts meines ersten Tinnitus, den mir Inge durch ihr Geschrei beinahe verursacht hätte, glaube ich immer mehr. Ich glaube immer mehr, dass Menschen wie Inge einfach schwache Kreaturen sind, für die es Zeit wird zu gehen, damit sie endlich Gewissheit haben. Ich gönnte ihr in diesem Moment ihren Abgang so sehr. Hier könnte „Zweites Kapitel“ stehen, es geht aber auch so weiter. Die Zeichen, die uns gesendet werden, sind Zeichen, die wir nur empfangen können, wenn wir dafür empfänglich sind. Menschen, die ich kennenlernte, kennenlernen durfte, haben Zeichen empfangen, weil sie dafür offen waren. Nicht, weil sie unbedingt daran glaubten. Menschen, die mir ihre Geschichten anvertrauten. Menschen, liebe Menschen, die liebevolle Menschen vorgehen lassen mussten. Menschen, an denen sie hingen und die natürlich zu früh gingen. Diese lieben Menschen lernte ich kennen, weil ich meistens Trauerreden für ihre Väter, Mütter, Großeltern und auch Kinder halten durfte. Sie schenkten mir ihr Vertrauen. Die Vorreden zu Trauerfeiern dauern im Durchschnitt 90 Minuten. Schon da bekomme ich des Öfteren von Zeichen erzählt, ohne dass ich danach fragen muss. Doch einige Geschichten um und mit Zeichen ergeben sich manchmal erst Monate oder Jahre nach dem Tod. So wie die Geschichte von Nicole. Nicole und ich kennen uns, glaube ich über 10 Jahre, wenn es reicht. Sie führt eine, so wie ich denke, gut gehende Tanzschule mehr in Richtung Hip-Hop. Die Kids sind begeistert und die Eltern sehen ihre Kinder bei Nicole gut aufgehoben. Eines Tages ruft sie mich an und erzählt mir, ihr Vater sei verstorben. Sie möchte mich gerne als Trauerredner. Eine schöne Aufgabe und Herausforderung. Ich liebe es, Angehörigen Trost zu spenden und geliebte Menschen auf die letzte Reise zu schicken. Endlich dahin, wo sie Ruhe finden, Frieden, keine Schmerzen mehr erleiden müssen und im wahrsten Sinne des Wortes glückselig sein dürfen. Nicole vertraut mir das Leben ihres Vaters an und ich schreibe eifrig mit. Es gab außer Trauer, Tränen und Lächeln der Hoffnung und auch angesichts der Tatsache, dass man bei meinen Trauerreden auch zum Schmunzeln kommen darf, da die Hinterbliebenen auch lustige Anekdoten der Verstorbenen zu hören bekommen, ansonsten keine besonderen Vorkommnisse und Zeichen. Die sollten später folgen. Wisst Ihr, die die vor uns gehen, haben nicht immer gleich Zeit, sich zu melden. Viel zu aufregend ist die neue Welt, in die sie eintauchen. Viel zu bunt, zu farbenprächtig und mit Verlaub einfach friedlich. In dieser Welt gibt es keinen Kanzler, keinen Papst, keinen Guru und auch keinen, der Dir sagt, Du sollst Dich umbringen, damit Du 42 Jungfrauen und ewiges Leben bekommst. Die Seelen, die nach diesem tristen Dasein, welches meist voller Neid, Missgunst, Hass und Krieg erfüllt ist auf der Erde, haben dort erst mal viel zu sehen und sie sind eins. Eins mit sich und ihrem neuen Umfeld. Ein Zustand, der auf dieser Erde nicht denkbar ist. Nicht für Alle und im Grunde nur für wenige. Nicole bekommt mit, dass ich dieses Buch schreiben möchte und dazu auch Geschichten suche. Wir senden uns Sprachnachrichten. Nicole ist eine der Menschen, deren Sprachnachrichten ich gerne höre. Auch wenn sie mal 4 – 6 Minuten lang sein können. Mit ihrer freundlichen, nie schlecht gelaunten Stimme teilt sie mir mit, was sich nach dem Tod ihres Vaters zugetragen hatte. Ich lausche mit offenen Ohren und bekomme vor Staunen auch meinen Mund nicht mehr zu: „Eric, nach dem Tod meines Vaters waren wir erst mal beschäftigt, seine Wohnung auszuräumen und es war mir wichtig, dass dies schnell ging. Nicht, weil ich sie schnell vermieten wollte. Nein, ich wollte abschließen. Eric, glaub mir, wir hatten viele Interessenten und auf Grund der Lage in Arbeitgebernähe (ein großer Arbeitgeber mit ca. 35.000 Mitarbeitern), konnten wir uns vor Nachfragen kaum retten. Die Bonität der Bewerber stand nie in Frage. Solvent waren sie alle. Doch irgendwas hielt mich immer wieder davon ab, diese Wohnung herzugeben. Keiner passte mir und mein Mann flippte wegen mir schon fast aus. Ich kann es nicht erklären, aber eine innere Unruhe vermittelte mir, dass dies nicht die Mieter für die Wohnung meines geliebten Vaters sein werden und nicht sein können. Dann meldet sich mein von uns vermisster Cousin. Nach 2 Jahren steht er einfach vor der Tür. Verschollen in Berlin. Einfach nicht mehr auffindbar. Sozial geschwächt und evtl. auch mit den, nicht immer richtigen „Freunden“ zusammen, lassen die

Familie in Sorge bangen, ob er je wieder auftaucht. Nicoles Cousin bekommt die Wohnung. Keine Frage. Blut ist dicker als Wasser. Manchmal dauert es eben etwas länger. Er bekommt sein soziales Umfeld, seine Familie, die an ihn glaubt und ihn liebt. Nicole ist sich nicht sicher, ob ihr Vater aus dem Jenseits die Schritte von ihr lenkte und die ihres Cousins führte. Ich schon! Manche Seelen haben ihre Berufung und Bestimmung. Kein anderer als Nicoles Cousin konnte diese Wohnung bekommen. Und ich bin sicher, es war und ist für ihn das Auffangnetz. Sicher wieder Zuhause. Nicole ist sich nicht sicher, ob es Zufall ist. Ich glaube an dieses Zeichen. Was und wie Du darüber denkst? Wenn Du denkst, es ist Blödsinn und Dir tut dieser Gedanke gut? Dann ist es gut. Aber hey! Du hättest Dir dieses Buch nicht gekauft, wenn Du nicht hoffen würdest, nicht wahr? Auf jeden Fall danke ich Dir, liebe Nicole herzlich für Dein Vertrauen und dafür, dass ich Deine Geschichte veröffentlichen darf.

'Spuren im Schnee' könnten einem dritten Kapitel als Überschrift dienen! Als Trauerredner, der seine Berufung bei der Trauerfeier seines eigenen Vaters fand, besuche ich die Angehörigen immer daheim in ihren eigenen vier Wänden. Ich brauche das. Die Atmosphäre, die heimelige Umgebung und die Schwingungen der Hinterbliebenen. Ich brauche die feuchten Augen und den Bruch in der Stimmlage. Oh nein, ich bin nicht sadomasochistisch veranlagt. Ganz im Gegenteil. Man sagt mir sehr viel Empathie und Einfühlungsvermögen nach, obwohl ich in jüngeren Jahren auch ein echter Hackklotz sein konnte. Man reift mit der Zeit oder wie es meine Frau liebevoll ausdrückt: „Die Altersgüte setzt allmählich ein."

Ich fahre in einen Ort, der mir bekannt ist. Mittelbayern. Nähe Ingolstadt. Vorgespräch für einen Mann, der mit 61 Jahren mit seinem Hund vor die Tür geht............Sekundentod! Weg! Aus dem Leben gerissen. Aus dem irdischen. Möchtest Du so etwas? Nein. Warum nicht? Es tut den Angehörigen weh. In diesem Fall auch dem Hund, der mich liebevoll begrüßt, als ich das Haus der Witwe betrete. Wie ich dieses Wort hasse: „Witwe" Für mich ist sie die Ehefrau von Roland, der vorausging. Ja! Ist!!! - Nicht mal der Tod soll und kann uns scheiden - Sie hat den Tisch gedeckt. Kaffee, Kuchen, Wasser und ein Hund, der mich beschmust. Na? Rieche *ich nach Deinem Herrchen?* Gastfreundschaft von Mensch und Tier. Im Jenseits werden da eh keine Unterschiede mehr gemacht. Wir sitzen also da. Es ist gemütlich, angenehm und ich fühle mich willkommen und spüre das Vertrauen von Menschen, die mir doch im Grunde fremd sind. Ich trinke Kaffee und höre zu. Auf dem Tisch steht ein Bilderrahmen. Ein kleiner, ich denke mal DIN 6 quer. In diesem Rahmen die Traueranzeige für die regionale Tageszeitung. Ich registriere ihn erst gar nicht. Viel zu konzentriert auf das, was ich erzählt bekomme. Ich höre, nehme die Trauer, die Wut und Hilflosigkeit wahr. Roland, herzensguter Vater! Geht dann einfach mal so vor! Ohne Ankündigung. Da war kein Reiseplanen, Kofferpacken oder Visum beantragen. Da, wo Roland hingeht, braucht es das alles nicht. - *In diesem Moment, da ich schreibe, klingelt mein Telefon. Eine Dame, die bei mir eine Sterbevorsorge abschloss, ruft mich an und es stellt sich heraus, dass sie sich verwählte. Wir sprachen mittags schon und sie kam auf die Wahlwiederholung. Morgen muss sie in die Klinik. 85 Jahre! Zuviel Wasser in der Lunge, im Körper und ich habe das Gefühl, dass sie mich nochmal hören wollte. Vielleicht lesen wir später noch von ihr? -*

Kerstin schickt mir ihre Mail. Versprochen ist versprochen. Sie schildert mir darin die Zeilen, die sie ihrem Vater nach seinem Ableben schrieb und beschreibt mir damit das Zeichen, was sie, ihre Schwester und ihre Mama, Rolands Ehefrau bekamen.

"Da waren sie nun, unsere Tage der Ohnmacht nach der Schock-Nachricht. Die Welt stand still, obwohl sie sich für alle anderen weiterdrehte. Trotz schlafloser Nächte jagte ein Termin den nächsten. Vielleicht war das auch gut so. Als uns die Trauer wieder einmal überrollte, ich glaube es war morgens gegen 7:00 Uhr, durften wir unser – DEIN - Zeichen vorfinden. In der Nacht zuvor hatte es kräftig geschneit. Ein Anblick, den man kaum in Worte fassen kann. Zwei ineinander geschlungene Herzen im Schnee, direkt vor dem Gartenzaun. Fußspuren gab es keine, auch keine Reifenspuren, die zu den Herzen hin – oder weg führten. Eine Erklärung dafür brauchten wir nicht zu suchen. Ein Gruß von DIR: *„Ich bin da. Ich lasse Euch nicht allein.*" Zurück geblieben ist ein überwältigendes Gefühl aus Sehnsucht, Verbundenheit, Liebe und Dankbarkeit. Mir wurde beigebracht, dass es nur die Hülle ist, die geht. Die Seele aber bleibt. Und irgendwann sehen wir uns wieder <3." Kerstins Worte an ihren Vater - an seine Seele, die vorging -. Ich sah diese Reifenspuren. Das Auto hätte vom Himmel fallen müssen, Spuren in Form zweier Herzen hinterlassen und dann wieder abheben. Es gab keine Spur, die hinein oder hinaus führte. Wieder einmal bekam ich Gänsehaut und spürte diese Erleichterung. Ja, es gibt sie, diese Seelen, die Dir Signale senden. Sie senden Dir Hoffnung und Glauben und bestätigen diesen. Das Kuriose an diesem Nachmittag und so komme ich zurück auf den Bilderrahmen mit der Todesanzeige von Roland, war, als ich beim zweiten Hinsehen entdeckte, dass ich diesen Mann kannte. Roland war 25 Jahre zuvor Vertreter der hiesigen, regionalen und führenden Brauerei und betreute uns und unsere gastronomische Einrichtung, die wir liebevoll betrieben. Er war einer der Vertreter, die einfach beliebt waren, zuverlässig und der Gastronomie angepasst, auch gesellig. Einer der Vertreter, auf die man sich verlassen konnte und deren Handschlag noch zählte. Keine Verträge, keine Unterschriften. Ein Mann - ein Wort. Vertreter mit Herz. Herzen im Schnee! Roland sendete Zeichen. Zeichen! Du musst sie sehen. Wahrnehmen. Fühlen.

Die Trauerrede wird mit Musik vom Band untermalt. Wir suchten die Musik miteinander aus. Zu der Zeit lasse ich noch die Songs über YouTube laufen. Diesmal passe ich nicht auf leise zu schalten, um die Werbung, die davor läuft, auszublenden. Es folgt eine Brauereiwerbung. Nicht für die Brauerei, für die Roland arbeitet. Eine andere mit einem bekannten Slogan. Bis ich die Stopptaste drücken kann, sind etwa 6 – 7 Sekunden vergangen. Ich drücke auf die Leisetaste, lasse sie auslaufen, bis der gewünschte Titel kommt, den wir besprachen. Während diesem Lied habe ich Zeit zu überlegen, wie ich diese kleine Panne erkläre. Sage ich nichts? Schwitze ich innerlich weiter oder wie rette diese Situation? Song läuft aus: „Liebe Trauergäste (höre ich mich sagen), ob dieses Fauxpas weiß ich, dass es jetzt in diesem Moment einen gibt, der nicht nur schmunzelt, sondern wirklich lacht. Roland. Für ihn, den geselligen Menschen ist das, was hier auf dieser Erde passiert, nicht mehr wichtig. Ich denke, dass er uns jetzt gerade alle anschaut und sich einfach über die fremde Bierwerbung amüsiert. Ich weiß nicht, ob die Leute in diesem Moment schmunzeln oder lächeln. Sie haben ja alle die Maske auf. Traurig, auf einer Beerdigung, aber nun. Gegen die irrsinnigen Bestimmungen unserer Regierung ist kein Kraut gewachsen. Ein Blitzgedanke! Roland hilft mir jetzt aus meiner Patsche und lässt mich weiterreden: „Bitte denken Sie heute Abend daran, ein schönes, kühles Bier in Gedenken an unseren Roland zu öffnen und zu genießen und bitte dann von der Brauerei, für die er auch tätig war." Der Chef der regionalen Brauerei ist auch anwesend. Sollte man auch meinen, nach über 30-jähriger Betriebszugehörigkeit des Vorausgegangenen. Ob er nun schmunzelt, weiß ich nicht. Sehe ich nicht. Doch ich nehme seinen dankbaren und freundlichen Blick auf Grund der kostenfreien Werbung an diesem Nachmittag wahr. Gerettet. Auch danach kommt man, wie so oft auf mich zu und sagt mir, dass das mal eine ganz andere Rede war. Persönlich und herzlich und halt auch mal was zum Schmunzeln dabei. Danke, aber wenn wir früher Abschied feierten und jemand unserer Freunde auf die Reise ging und wir wussten, dass wir uns wiedersehen, feierten wir auch immer fröhlich. Und ja! Wir sehen Roland wieder.

Sollte hier ein viertes Kapitel beginnen, kommt es aus Köln. Genauer gesagt fährt Sandra, eine Facebook-Freundin, die ich nur einmal kurz sah, als ich ein Konzert in einem Fastfood-Restaurant geben durfte, an die Nordsee. Eine Auszeit vom Alltag. Mutter-Kind-Kur. Was Sandra dort widerfuhr, ließ mich dann doch wieder an Schutzengel glauben, die ich sonst immer in Frage stelle. Ich meine, warum sollte man auch an Schutzengel glauben? Ein früherer Organist unserer Kirche betete vor jeder Autofahrt, die er unternahm, um den Engelschutz und verunglückte dann im Alter von ca. 30 Jahren. Wenn ich so was in Frage stellte, erzählte man mir etwas von Gottes Willen und dass dies eine Prüfung für die Angehörigen wäre. „Häääää?" Verzeihung. „Wie bitte?" Eine Prüfung? Dann, also bitte. Dann möchte ich nicht in ein Himmelreich, wo dieser launische Gott auf mich wartet. Hatte der Schutzengel heute seinen freien Tag oder war er generell überarbeitet? Vielleicht sollte man auch sonntags kein Auto fahren. Schutzengel haben evtl. auch nur die 6 Tage-Woche.

Was angesichts der Tatsache, dass die Ewigkeit doch etwas länger dauert als unser irdisches Dasein, nun auch für einen unsterblichen Engel irgendwann in Überarbeitung und Konzentrationsschwäche enden kann. Sandra kommt mit ihren Kindern an! Nordsee. Launisch, stürmisch, rau. Ich für meinen Teil liebe die Nordsee. Sandra freut sich auch. Auszeit. Zwar kein Meeresblick, aber immerhin zwei Zimmer im Erdgeschoss. Sandra bekommt eines. Das andere Zimmer ist für ihre Kids. Zu dieser Zeit raucht sie noch und lässt sich auch von niemandem vorschreiben, wann und wo sie das tut. 5 Meter von ihrem Fenster entfernt gibt es ein Raucherreck. Das ist natürlich praktisch, aber nach 22 Uhr schließen die Türen und so kann Sandra, wenn ihr nach Rauchen ist, nur durchs Fenster. Was sie auch tut. Wichtig zu wissen ist, dass diese Geschichte sich im Jahr 2007 zuträgt. Zu dieser Zeit wirbelt der Orkan Kyrill nicht nur heftig, sondern lässt Zäune und Dächer verschwinden. Gerade in der Nacht vom 18. zum 19. Januar ist es besonders schlimm. Sandra kann auch nicht mit ihren Kindern ans Meer. Sie verbringen die meiste Zeit in ihren Zimmern. Ah, die Zigarette. Einen richtigen Raucher, eine richtige Raucherin hält auch ein Sturm nicht auf. Fenster auf, Buch zwischen Rahmen und Einfassung geklemmt und ab zur Raucherlounge. Und da passiert es. Sandra fühlt einen kräftigen Stoß an ihren Schultern, wie zwei Hände, die sie heftig nach vorne stoßen. In diesem Moment fallen aus 20 Meter Höhe Dachziegel genau auf die Stelle, an der Sandra gerade noch stand. Sandra wäre tot gewesen. Es gibt nun zwei Möglichkeiten. Sieh ein, dass rauchen ungesund ist und lass es bleiben oder geh' zum Rauchen, wenn der Sturm nachlässt. Sandra stand da. Mit Zigarette in der Hand und zitternd. Fast zitternd wie ein Kettenraucher auf Entzug. Keine Ahnung wer sie stieß. Es war keiner in der Nähe und auch keiner, der sagte: „Puh, gut, dass ich gerade da war." Da war niemand. Ein Stoß und sie entging dem sicheren Tod. Wenn es jemanden gibt der meint, Sandra würde noch gebraucht und ihr Weggang wäre zu früh, dann will ich daran glauben. Für meine Facebook-Freundin war es auf jeden Fall ein Zeichen, dass sie noch gebraucht wird und wie jeder Mensch das Recht hat, Dinge jetzt noch zu ändern und auch selber großartige Zeichen zu setzen und Feuer anzuzünden. Ein Licht für diese Welt sein, damit viele Seelen spüren, dass sie hier nicht alleine sind. Soviel ich aus Sandras Mail lesen konnte, hat sie zumindest schon mit dem Rauchen aufgehört. Ein guter und verrückter Mensch, der anderen Menschen hilft und sie pflegt, war sie sowieso schon immer. Schutzengel leben unter uns und wir können sie sehen. Da brauchen wir keine fragenden Blicke nach oben werfen. Sandra ist unter uns. Und lebt als Zeichen weiter. Nimm sie wahr. Danke liebe Sandra für Dein Zeichen.

Die lieben Menschen, die mir weitere Geschichten mitteilen wollen, sind erst ab Mitte Oktober verfügbar, bzw. habe ich es auch immer etwas hinausgezögert. Ich war zwischendurch nicht bereit, weitere Erzählungen aufzunehmen. -

Solange ich also auf die Zeichengeschichten von mehreren Bekannten und Freunden warte, fällt mir immer wieder mein Vater ein. Wir hatten nicht immer das beste Verhältnis. Zu ähnlich und doch zu verschiedene Ansichten. Geglaubt haben wir beide. Allerdings war er manchmal wie die eingangs erwähnte Inge. Wollte man nicht so glauben, wie seine Religion es vorsah, schrie er auch schon mal umeinander. Als ich mit 18 Jahren das erste Mal einen Gottesdienst mutwillig versäumte und diesen einem Frühschoppen vorzog, flippte er aus. Diese Hilflosigkeit. Glauben, dass man nur ewig lebt, wenn man auch regelmäßig Gottesdienste besucht. Man sah es auch als Zeichen an, wenn man zufällig im Gesangsbuch genau die Seite aufschlug, auf der das Lied vorhanden war, welches am heutigen Sonntag gesungen werden sollte. Quasi als Gottesfügung. Na ja, wenn 100 Gemeindemitglieder anwesend sind und alle 100 Schäfchen zur gleichen Zeit zufällig die gleiche Seite mit dem zu singenden Lied aufschlagen, dann will ich auch daran glauben. Aber meistens passierte so etwas nur meinem Vater. Wobei ich mittlerweile auch eher daran glaube, dass dies ein Wunschgedanke war, um dem vorhandenen Glauben glaubhafter darzustellen. Wie komme ich darauf? Vorgestern waren wir bei der Urnenbeisetzung der Schwester meiner Schwiegermutter. Es wurde das erste Lied angekündigt, welches ich schon aufgeschlagen hatte, ohne es zu wissen. „So nimm denn meine Hände." Mein Vater kommt mir kurz in den Sinn. Die evangelische Pfarrerin redet ein wenig. Eigentlich nuschelt sie auch manchmal und betont öfters die Schmerzen und Leiden der Verstorbenen. Irgendwann kündigt sie das zweite Lied an, welches schon aufgeschlagen wieder vor mir liegt. „Von guten Mächten wunderbar..." Da ist sie wieder. Diese Gänsehaut. Gut, es war kein dickes Gesangsbuch. Maximal 50 Lieder und gerade diese beiden Lieder werden bei Trauerfeiern oft gesungen, so dass man annehmen sollte, man hat sich in diese Seiten, die nicht beieinander lagen, schon ein wenig hineingegriffen. Also, so vergriffen, dass man sie unwillkürlich aufschlagen "muss". Nichtsdestotrotz möchte ich an einen himmlischen Zufall oder an ein Zeichen glauben. Vielleicht nahm mein Vater aus dem

Jenseits auch meine Hände und ließ mich diese Lieder gleich beim ersten Mal aufschlagen. Übrigens zwei, die ich immer gerne sang. Was immer man mir zeigen oder sagen wollte. Ich war offen. Ich nahm Zeichen an. Im Übrigen hatte ich - wenn ich mal nachts in meiner Junggesellenzeit, aber auch darüber hinaus nach überhöhtem Alkoholkonsum - Anwandlungen, meinen Vater und diesen Gott, von dem man mir immer erzählte, anzuschreien. Ich schaute in den Nachthimmel, während ich nach Hause torkelte und rief den beiden zu, sie sollen sich jetzt endlich mal zeigen, mit mir reden, Zeichen senden. „Wo seid Ihr denn, Ihr zwei?" rief ich, nein ich schrie. „Zeigt Euch endlich." Nein, ich hatte keine Angst, auch keine Gottesfurcht. Bayrisches Starkbier bändigt Ängste und lässt einen mutig werden. Nun sind die aus dem Jenseits aber geduldiger. Sie haben ja Zeit. Warum sollte mein Vater sich die „Mühe" machen, auf einmal vor mir zu stehen? Wahrscheinlich wäre mir der süddeutsche Gerstensaft in der Blutbahn vor Schreck gefroren. Und weißt Du? Mein Vater weiß, wie schreckhaft ich sein kann. Also sendet er mir die ***kleinen*** Zeichen im Alltag. Diese lassen mich weiser werden, ruhiger, altersgerechter. Altersgüte. Es lehrt Geduld. Bist Du unerschrocken, bekommst Du des kleinen, himmlischen Winks sanfter aber auch mal ruckartiger, so wie Sandra aus Köln es an der

Nordsee erfahren durfte. Und mein Vater weiß heute auch, dass er aus dem Jenseits nicht schreien muss. Er lächelt mittlerweile voller Milde und sieht mir bei meinem Treiben zu. Und jeder Tag, den ich ihm einen Schritt näherkomme, ist ein Tag, der mich weiser und reifer werden lässt. Wing Chun lehrt Dich, dass Du am besten die Kämpfe gewinnst, denen Du aus dem Weg gehen kannst. Hätte ich mit Gewalt oder mit Geschrei versucht, Zeichen zu bekommen, hätte ich keine bemerkt. Jetzt, da ich schreibe, kommen sie. Gedanken - ich spüre, mein Dad ist in der Nähe. Meine Oma schaut mir über die Schultern. Mein Opa aus Ostfriesland lächelt stolz. Wobei "stolz" in diesem Augenblick kein himmlisches „Egomerkmal“ ist. Mein Opa aus Leer/Ostfriesland trug Gedichte an Schulen vor, um seine 10-köpfige Familie nach und während des zweiten Weltkrieges irgendwie zu ernähren. Und irgendwie ist ihm das mit seiner Frau, meiner Oma auch ganz gut gelungen. Als ich selbst Gedichte und Lieder an Kitas und Grundschulen vortrug, wusste ich damals nicht, dass ich den gleichen Weg ging. Mein Vater erzählte mir später davon und ich fühle mich heute meinem, mir noch unbekannten Großvater sehr verbunden. Und ich kann nur sagen: „Danke Opa. Bald lerne ich Dich kennen.“

Hier könnte Dein fünftes Kapitel beginnen! Es kommt aus Wien. Bevor ich also nun die anderen

Erzählungen zu hören bekomme, berichte ich Dir von unserer damaligen Bekannten aus Wien, die immer wieder Nachrichten von ihrem verstorbenen Lebensgefährten in Schriftform erhielt. Ich weiß ihren Namen nicht mehr, aber sie erzählte uns, dass er ihr Briefe schrieb. Wie soll das denn gehen? In diesem Moment gehe ich alle Buchstaben von A – Z durch, um mich evtl. doch an ihren Namen zu erinnern............Das ging schnell. „K"... Kathi hieß sie. Ich denke mal, sie ist auch schon vorgegangen. Vor 30 Jahren war sie Mitte 60 und eine liebenswerte, gastfreundliche Frau mit Wiener Schmäh. Lebenslustig und sie las Dir jeden Wunsch von den Augen ab. Kathi berichtet also, dass sie Nachrichten in Schriftform bekommt. Wie? Es passiert plötzlich mitten in der Nacht, dass ihre Hand zu einem Stift geführt wird und sie anfängt zu schreiben. Nichts Ungewöhnliches? Stimmt. Dass die Hand zum Stift geführt wird, kann man sich schon mal einreden und dass die Zeilen, die von Kathi geschrieben werden, nicht mehr ihr Schriftzug sind, könnte man auf die Übermüdung und eine nicht ruhige Hand mitten in der Nacht schließen. Aber als sie uns die Zeilen zeigt und mit den Briefen vergleicht, die er ihr zu Lebzeiten schrieb, wird uns ganz anders. Es ist ***SEIN*** Schriftzug. Ihr geliebter Lebensgefährte, der ihr nachts schreibt. Dass sie am darauffolgenden Tag nicht die Tram nehmen soll, die sie sonst nimmt, wenn sie zum Arzt fährt. Sie soll eine früher nehmen. Was sie auch tut. Die Tram, also ihre eigentlich geplante, die danach fährt, entgleist. Verletzte. Verkehrschaos. Eine Warnung in Schriftform. In der Schrift des geliebten Toten? Warum warnte er sie? Es hätte ihn doch freuen können, wenn sie eventuell nicht verletzt, sondern sogar tödlich verunglückt. Dann wäre sie schneller bei ihm. Oh, wie kleingläubig. Im Jenseits gibt es kein Zeitgefühl. Da gibt es Geduld. Oder nicht mal Geduld. Es gibt keine Zeitspannen, für die man Geduld erlernen müsste. Was für uns ewig erscheint, bis wir unsere Liebsten wiedersehen, ist für diese der Augenblick eines Wimpernschlags. Wie die zwei Frauen, die Du in den nächsten Kapiteln 6 und 7 finden wirst, wenn es denn in diesem Buch Kapitel geben würde. Nun hatte ich, als ich anfing dieses Buch zu schreiben, nicht wirklich Lust auf Kapitel. Kapitel sind endgültig und abgeschlossen. Nichts für die Ewigkeit. Nichts für das Jenseits. Wenn Du geliebte Menschen vorgehen lässt, ist der Abschiedsschmerz immer da, jedoch nicht immer gleich stark und intensiv. Wenn ein geliebter Mensch, eine geliebte Tochter oder Sohn z.B. in jungen Jahren beschließt als Au Pair oder zum Studieren nach Australien zu fliegen und dort mindestens 1 Jahr bleiben möchte, ist der Letzte, der den großen

Abschiedsschmerz verspürt, ganz sicher dieser junge Mensch. Die Eltern, Großeltern, die Geschwister (okay, letztere atmen manchmal auf, da sie mehr Freiraum haben und evtl. für ein Jahr ein Zimmer "mehr" besitzen) weinen, verspüren diesen Trennungsschmerz und fangen evtl. sogar, obwohl sie es vorher nie taten, zu Beten an, dass das geliebte Kind gut ankommt, dass ihm nichts passiert und natürlich auch wieder gesund nach Hause kommt. Gebete stärken den Geist, stärken den Glauben und geben Kraft und Zuversicht. Ob Gott sie wirklich hört, ist immer noch ungeklärt. Ein naher Verwandter betete jahrelang um die 6 richtigen Lottozahlen und zahlte dabei drauf. Aber ich schweife aus. Dieser junge Mensch geht nun also für eine absehbare Zeit auf Reisen. Für ihn vielleicht sogar zu kurz. Man will doch was sehen von dem Land, von dem Kontinent, den man vorher nie betrat. Für ein Jahr also. Für die Eltern viel zu lang. 365 Tage. Kind weg. Was bleibt ist die Hoffnung auf das Wiedersehen. Die Wiedersehensfreude. Dieses Herzklopfen. Adrenalin steigt an und dann schließt man das geliebte Kind endlich wieder in die Arme. So stelle ich mir den Tod vor. Wir gehen vor und sind frei, schwerelos und atemlos staunend auf das neue Abenteuer, welches uns erwartet. Auf dem Flug ins Jenseits gibt es so viel zu sehen und wir spüren die Trauer der Menschen nicht, die wir zurücklassen. Ich weiß, als ich mit 18 Jahren 500 km innerhalb Deutschlands „auswanderte“, verabschiedete ich mich kurz auf dem Parkplatz von meinen Eltern. Ich sah die Tränen meiner Mutter nicht. Die meines Vaters auch nicht. Ich spürte in diesem Moment eine unendliche Freiheit. Ich konnte auch die Wiedersehensfreude der Eltern damals in jungen Jahren noch nicht ganz nachvollziehen. Heute weiß ich, dass meine Eltern ungeheuer litten. Aber es bestand doch immer diese Hoffnung auf ein Wiedersehen mit herzlicher Begrüßung. Man kündigte seinen Besuch sogar an und Vorbereitungen für eine kleine Willkommenszeremonie wurden getroffen. Der Unterschied ist, wenn wir im Jenseits ankommen, sind alle Vorbereitungen getroffen, obwohl man nicht weiß, wann wir kommen. Oder doch? Wer weiß? Einer Mutter, die ihr Kind schon früh verliert, bleiben viele Möglichkeiten: Glauben, Hoffnung, Liebe, Resignation, Wut, Schmerz, Trauer, Suizid, Aufgabe und Hass auf einen Gott, an den man vorher nicht mal glaubte. Im Falle einer lieben Bekannten ist es Gänsehauterregend. Es ist absolut fantastisch, was ihr passiert ist und doch natürlich mit vielen Schmerzen verbunden. Schmerzen, die meine liebe Freundin nur stärker machten. Hochachtung vor Deiner Geschichte, die ich 1 zu 1 übernehme und mit Deinen Worten mehr Emotionen ausdrückt, als ich sie mit meinen formulieren könnte.

Zeilen der Tochter und gleichzeitig Mutter: „Ich beginne meine Erzählung mit dem Diesseits. Warum? Weil ich der Überzeugung bin, dass sich liebende und nahestehende Seelen bereits zu Lebzeiten auf der Erde miteinander verbunden sind. Warum sollte es dann im Jenseits diese Verbindung nicht mehr geben? Diese Erfahrung machte ich mit 16 Jahren. Meine Mutter lag mit Krebs im Endstadium im Krankenhaus. Diese Diagnose hat man mir aber als Kind verheimlicht. Am letzten Lebtag meiner geliebten Mutter besuchte ich sie wie immer nachmittags im Krankenhaus. Sie konnte diesmal sogar aufstehen und sich mit mir an den Tisch setzen. Als ich mich am 11. August 1988 wie immer mit den Worten "Tschüss Mutti bis morgen" verabschiedete, ging ich wie sonst relativ unbekümmert aus dem Krankenzimmer. Im Gang schoss es mir in den Kopf: "Geh zurück, du hast sie nicht umarmt!" Also ging ich zurück und drückte sie so fest wie selten. Am nächsten Morgen um kurz vor 6 Uhr klingelte das Telefon. Ich wusste sofort: "Es ist das Krankenhaus und Mama ist tot." So war es. Das war das erste Mal, dass ich unsere Seelenverbindung bewusst wahrnahm. Ich hatte Angst vor der Beisetzung. Ich war ein Kind, ein Teenager und hatte keine Vorstellung einer Beerdigung. In der Nacht vor der Beerdigung konnte ich nicht schlafen und weinte vor mich hin. Plötzlich spürte ich etwas. Es fühlte sich an, als setzte sich jemand zu mir auf das Bett. Ich hörte den Satz "Ich bin immer bei dir, du schaffst das!" und spürte ein sanftes Streicheln über meine Beine. Ich habe mich sehr erschrocken und machte das Licht an. Da war niemand! Heute weiß ich, dass es meine Mutter aus dem Jenseits war, die mich besuchte. Nie wieder danach habe ich in der Art ein körperlich spürbares Zeichen von ihr erfahren. Oft hätte ich es gewollt oder gebraucht. Vor ein paar Jahren lernte ich durch Zufall ein Medium kennen. Sie besuchte mich zu Hause und mit Ihrer Hilfe wollte ich Kontakt aufnehmen zu meiner Mutter. Sie sagte, sie könne es nicht versprechen. Plötzlich beschrieb sie mir eine Frau, die in der Ecke meines Wohnzimmers stehen würde. Das Medium kannte weder unsere Geschichte noch das Aussehen meiner Mutter und beschrieb es mir dennoch perfekt! Das Medium sollte mir ausrichten, dass meiner Mutter die neue Haustüre ihrer Schwester gefällt. Hä??? Ernsthaft??? Ihre Schwester, meine geliebte Tante, lebt am Bodensee und hatte in diesem Jahr eine neue Haustür einbauen lassen, welche noch nicht mal ich kannte! Die sei dunkelrot und sehr hübsch. Woher hätte das Medium das wissen sollen? Es folgten noch ein paar mehr Botschaften, die aber genauso unbedeutend waren. Ich hatte mir eigentlich mehr erhofft, was sie zu meinem Leben ohne sie sagt. Ist sie stolz auf mich? Habe ich alles richtig gemacht? Soll ich meinem Vater verzeihen? Die Antwort lautete nur: "Was ich davon halte ist nicht mehr wichtig, mein Kind. Lebe dein Leben, bis wir uns wieder sehen!" Weitere Begegnungen mit dem Jenseits habe ich mit meinem Sohn. Er verstarb als Baby im Alter von 96 Tagen am plötzlichen Kindstod. Heißt eigentlich ungeklärte Ursache. Er hörte nachts einfach das Atmen auf. Und auch hier zeigte sich die Seelenverbindung bereits zu Lebzeiten. Ich hatte nie Angst mein Kind zu verlieren. Alles war perfekt, gesund, easy und ohne jegliche Risikofaktoren. Dennoch kauften wir eine Angel Care Matte, die die Atmung überwacht und vor dem plötzlichen Kindstod schützen soll. Einfach so zur Sicherheit, ohne Grund. Ich las mir die Maßnahmen zur ersten Hilfe bei Babys durch, hing mir den Merkzettel in den Kleiderschrank und gut war es. Heute weiß ich, dass es ein falsches Produktversprechen war. Denn diese Matte überwacht nicht Atmung und Herzschlag, sondern die Bewegung des Babys. Und als es keine Bewegung mehr in der Wiege gab, schlug sie am 3. Juli 2003 um 4.35 Uhr Alarm. Ich begann zu funktionieren wie eine Maschine. Wiederbelebung, Notarzt, Ehemann in der

Arbeit informiert und Nachbarn gebeten das Tor am Hof für den Rettungswagen zu öffnen. Unser Sohn kam mit dem Krankenwagen in die Kinderklinik Neuburg. Ich wusste er lebt! Ich war mir immer ganz sicher. Das sagte mir unsere Seelenverbindung! An diesem Tag kam der Pfarrer zu uns. Nicht wegen Seelsorge, sondern weil wir eigentlich Taufgespräch gehabt hätten! An diesem Tag, als er morgens in Lebensgefahr kam! Der Herr Pfarrer begleitete uns dann seelsorgerlich auf beste Weise. Die Nacht über wusste ich auch zu jeder Zeit: Mein Kind lebt! Am 4.Juli um 10 Uhr war auf der Intensivstation die Nottaufe angesetzt. Die Ärzte sagten, er hätte weitere 3 Herzstillstände überstanden. Als die Taufe beendet war und alle wichtigen Personen um sein Bett standen, sagte der Chefarzt zu uns: "Bei einem weiteren Herzstillstand werden wir nicht reanimieren."

"---piiiieeeeeppppssssss---" Ihr Sohn stirbt jetzt!" Lange durften wir uns von ihm verabschieden und es folgten Höllenqualen. Anfang JULI starb er und sein Name war JULIan. Zufall? Zeichen? Viele Jahre ohne Zeichen vergingen. Oder ich war in meiner Trauer nicht fähig Zeichen wahrzunehmen. Doch irgendwann vernahm ich nachts immer öfters Babylachen. SEIN LACHEN. Nein, nicht im Traum. Ich war wach! Neben meinem Bett stand für einen Moment ein Maxi

Cosi und daraus juchzte und gurgelte es fröhlich. An Julians Beerdigung war es ein sonniger heißer Tag im Jahrhundertsommer 2003. In den 5 Minuten, als wir den kleinen weißen Sarg zum Grab getragen haben, begann es aus heiterem Himmel leicht zu regnen. Und oft, wenn wir am Grab stehen, gibt es daneben an der Oberleitung der Bahnlinie einen heftigen Knall. Zuletzt am lautesten an seinem 18. Geburtstag. Ich möchte gern, dass das alles Zeichen sind. Beweisen kann ich es nicht, aber es tröstet. Die Zeichen nahmen mir die Angst vor dem Tod. Sie gaben mir den Glauben an ein Leben und ein Wiedersehen nach dem Tod. Die Seelen sind bei uns auf der Welt, um eine Aufgabe zu erfüllen. Natürlich schien mir der Tod meines Sohnes sinnlos, ungerecht und unüberwindbar. Aber es änderte meine Sichtweise auf das Leben allgemein, auf meine zukünftigen Kinder und auf mich selbst. Zeichen aus dem Jenseits können heilen!" *Danke liebe Seelenfreundin für Deine Geschichte.*

Du erinnerst mich damit an den 1. April vor 11 Jahren, als ich mein Arbeitszimmer streichen möchte. Habe mir für diesen Tag einfach frei genommen und habe richtig Lust auf Malerarbeiten, wobei Handwerkstätigkeiten nie so mein Ding waren. Ich koche lieber, mache Musik und schreibe Lieder und Gedichte. Es ist aber keine Ausrede, dass ich den Pinsel auf einmal weglegte. Zwischen diesem „Pinselablegen“ und wieder zur Besinnung kommen, liege ich auf dem Boden meines Büros und trommle mit den Fäusten auf den selbigen. Als ich so langsam wieder zu mir komme, höre ich mich schreien: „Nein, noch nicht. Ich muss mich noch verabschieden. Nein, noch nicht. Jetzt nicht.“ Als ich wieder aufstehe, ist mein Mund trocken, meine Augen verquollen und ich bin neben mir. Was für eine Ahnung. Vorahnung? Einige Minuten später ruft mein Bruder an: „Eric, die von der Klinik in Gießen haben Bescheid gegeben. Papa wird heute seinen letzten Tag auf dieser Erde haben. Kannst Du Dich ins Auto setzen und kommen?“ Keine Frage, umgezogen und ab ins Auto (komischerweise am Tag zuvor noch vollgetankt) gesetzt und losgefahren. Ca. in der Mitte der 450 km langen Strecke fällt mir ein, dass Gießen unzählige Kliniken hat. Ich rufe meinen Bruder an, er solle mir bitte die richtige Adresse geben. Sie kommt per SMS. Ja, ich weiß, während der Fahrt soll man weder empfangene Nachrichten lesen, noch soll man welche schreiben und senden. Ich antworte: „Sag Papa, dass ich ihn liebe.“ Ein Irrsinn, wenn man bedenkt, dass wir ab meinem 19. Lebensjahr nicht mehr so das Verhältnis hatten, wie man es sich wünscht. Mein Bruder, der mit unseren Geschwistern, den Enkeln, Schwager, Schwägerin und natürlich mit meiner Mutter im

Zimmer meines Vaters steht, teilt meinem Vater die von mir, während der Fahrt verbotenerweise geschriebene SMS mit: „Eric schreibt, er liebt Dich." Mein Dad liegt dort, mit Morphium angereichert und hebt noch 2 Finger zum Friedenszeichen geformt. PEACE! Dann schließt er die Augen. Ich werde angerufen. Auf der Autobahn. Mein Bruder. Ich ahne es. „Eric, als ich ihm Deine SMS vorlas, machte er das Friedenszeichen und schlief ein." Ich lege wortlos auf. „Zufällig" eine Ausfahrt zu einem Parkplatz. Also nicht 5 km weiter oder so. Nein, jetzt darf ich abfahren. Es ist auch gut so. Meine nassen Augen verwehren mir jeden Blick auf die Straße. Ich stehe also da und heule Rotz und Wasser. „Tschuldige Dad. Ich hätte mal als Du auf die Welt kommen sollen, dann hätte ich Dich besser verstanden und auch verstehen wollen." Den Rest der Geschichte und den Abschied meinerseits von meinem Vater kennst Du ja aus meinem Buch „Angst vor dem Tod? Wieso das denn jetzt?"

Von dem letzten Wort „jetzt" bis zu dem Wort „Von" sind 4 Tage vergangen. Die Muse fehlte. Geschichten bekomme ich viele zugetragen, allerdings tragen sich ringsherum so viele Ereignisse zu, dass ich nicht weiß, wo und wie ich weiterschreiben soll. Ich hatte einen Termin mit einem Ehepaar, die den jüngsten Sohn von drei Söhnen im Alter von 4

Jahren verabschieden mussten. Der katholische Pfarrer und ich setzten Zeichen und hielten die Trauerfeier zusammen. Friedlich. In Einheit. Wir setzten allen Religionen, bzw. denen, die es noch nicht begriffen haben, ein Zeichen, dass es nur Miteinander geht und dass, wenn es einen Gott gibt, dieser es nicht will, dass wir gegeneinander arbeiten. Ein Zeichen für alle Geistliche, die sich auch stellenweise wieder ihr eigenes Süppchen kochen. Der Ego-Mensch eben. Dieses sympathische Ehepaar war in dem Bestattungsinstitut, für welches ich auch tätig bin. Und sie bestellten eine kleine Gedenkurne. Als Andenken an ihren Kilian. Zu Kilian gibt es bald mehr in einem, seinem eigenen Buch. Aber auch hier noch in einem der imaginären Kapitel. Magst Du Schmetterlinge? Bleib dran und sei gespannt. Die Geschichte zu den Gedenkurnen aus Edelstahl mit Steinchen in verschiedenen Farben und Motiven bestückt, könnten fast ein achtes Kapitel füllen, wenn es denn Kapitel geben würde. Die Geschichte ist zu kurz, um ein Kapitel daraus zu bilden, aber auch zu sehr Gänsehaut erzeugend, um sie für Dich außen vor zu lassen. Ich bin zu einer Familie eingeladen. Der Vater ist verstorben. So alt wie meiner, als er sich verabschiedete. 74 Jahre. Ein erfülltes Leben, welches für zwei Leben gereicht hätte. Und doch ist es wieder einmal zu früh. Zu plötzlich und zu schmerzhaft für die Kinder und die zweite Ehefrau, die ich natürlich dort auch antreffe. Den Inhalt, den man mir anvertraute, damit ich am Samstag in der Woche darauf (beim Schreiben dieser Zeilen fand die Beerdigung noch nicht statt), eine Rede mit Gesang basteln kann, verschweige ich hier. Menschen vertrauen sich mir an. Eine wundervolle Gabe, Reden halten zu dürfen und dabei auch singen zu können. Ein Geschenk von Oben. Danke! Nun, nach Abschluss unseres vertrauensvoll geführten Gespräches, fragen mich die Kinder, wie sie denn an die Gedenkurnen rankommen. Ich übergebe diese normalerweise feierlich am Tag der Beisetzung, wenn im Hintergrund Musik läuft. Heute habe ich sie „zufällig“(?) dabei. Mit einem freundlichen Lächeln, sage ich leise: “Ich habe sie dabei.“ In diesen kleinen Urnen befindet sich ein geringer Anteil, welcher gesetzlich legal ist von der Asche des Verstorbenen. Als ich sage: “Ich habe sie dabei“, geht ein leiser Aufschrei durch die gemütliche Wohnung. „Er ist schon die ganze Zeit bei uns?“ fragt die Tochter leise. Die Miniurnen sind in kleine schwarze Samtsäckchen eingebettet. Man sieht also nicht, welches Motiv in welcher Farbe sich drinnen befindet. Wir wissen nur, dass jeder ein anderes bestellte. Mit blauem Herz, mit weißem Kreuz, mit schwarzem Kreuz, mit rotem Herz. Ich verteile die Säckchen und Nein, ich bin kein Magier und ich wusste auch gar nicht, wer welche Urne bestellte, da dies über eine Kollegin ging. Auf jeden Fall hat nun jeder eine kleine Mini Urne in der Hand. Als alle anfangen zu schluchzen und keiner Anstalten macht, mit jemanden zu tauschen, klärt man mich auf. Es bekam jeder exakt die Gedenkurne, die er/sie bestellte. Ich bekomme feuchte Augen. Die anderen weinen. Ich verabschiede mich und sammle mich im Auto. ZEICHEN!

Jetzt könnte hier fast eine Überschrift zu einem neunten Kapitel stehen, aber Du weißt es ja mittlerweile auch, dass Kapitel viel zu endlich sind, um überhaupt existieren zu können. Und so widme ich diese Erzählung einem lieben Autorenpärchen. Alfred und Petra. In der jetzigen Welt und Zeit, die vom Genderwahn geprägt ist, habe ich es mir vorbehalten, Alfred zuerst zu nennen. Petra wird es mir verzeihen. Alfred ging schon mal vor! Deswegen lassen wir ihm im wahrsten Sinne des Wortes den Vortritt. Während ich weiterschreibe, kommt mein Päckchen, welches ich online bestellte. „Six feed under", die komplette Staffel auf DVD. Ich bin da noch etwas altmodisch. DVD's! Yeah. Naja, der Tod ist ja auch konservativ. Nichts Neues, dass es ihn gibt und trotzdem reden die Menschen genauso ungern über den Tod, wie über Sex. Dann lieber beim Kaffeekränzchen über ihre Krankheiten. Das finde ich speziell am gruseligsten, wenn ich bei einem Stück Eierlikörtorte von den Eiterpusteln und Hühneraugen höre, die Tante Edith sich neulich hat wegoperieren lassen. Da geht Tante Edith ins Detail, während ich den gelben Teil meines Stücks Torte noch als Eierlikör zu identifizieren weiß. Aber rede mit ihr ja nicht über Sex. Das ist eklig und - was sie nie zugeben würde - schon lange her. Immerhin ist Edith 86 Jahre, aber wie sie selbst beteuert, möchte sie auch noch nicht über den Tod sprechen. Was ich wiederum verstehe. Das ist ja auch noch 'ne Weile hin. So! Nun aber zu Petra und ihren Sprachnachrichten. Eigentlich wollten wir uns treffen, aber mir kam eine Trauerrede dazwischen. So einigten wir uns vorerst auf den virtuellen Bericht, aber sehen uns bestimmt bald bei der nächsten Lesung, die ich mit Petra und zwei weiteren Autoren veranstalten werde. Petra glaubte bisher nie daran, dass es Zeichen gibt und bezeichnet sich eher als pragmatischen Typ. Ihr Mann Alfred schien jedoch eine starke Verbindung zum Jenseits zu haben, die selbst sie erschaudern ließ und was mir auch eine Gänsehaut erzeugte. Petra sitzt wenige Tage nach Alis' Tod im Wohnzimmersessel und trauert, als sie spürt, dass da noch etwas im Raum ist. Sie erkennt Ali (Alfred) sofort und sieht, wie er sich zur Couch begibt, auf der er immer saß. Sie sieht ihn schemenhaft wie wenn er sich wieder auflösen würde. Er bewegt sich zur Tür und verlässt den Raum. Petra fühlt sich hilflos, was sie in diesem Zusammenhang sogar als eine Art Ohnmacht bezeichnet, ohne ohnmächtig zu werden. Petra habe ich vor Jahren schon kennengelernt. Sie ist keine Frau, die fantasiert. Von diesem Augenblick an revidiert Petra ihren Unglauben, wie sie es selber betitelt. Petra sieht ihren Ali in seinem Homedress. Schwarz. Die ganze Gestalt ist schwarz, aber nie furchterregend. Im Gegenteil. Als Petra eines Tages an ihrem gewohnten Platz sitzt, an dem die beiden immer zusammen aßen, ist es einmal mehr ein Tag, an dem sie ihren geliebten Mann vermisst, weint und den Kopf auf ihre Schultern stützt, als sie den Arm nach vorne ausstreckt um ihn, ihren Ali zu greifen. Dabei schließt sie die Augen. In diesem Moment spürt sie ein Streicheln auf ihrer Hand. Ein Auf und Ab. Wohlig und warm. Vertraut. Petra ist zu 1 Millionenfach sicher, es ist ihr Alfred. Er, der an Zeichen glaubte, gibt ihr Zeichen. Weil sie es braucht. Weil er ihr sagen will: „Ich lass' Dich nicht alleine. Ich bin bei Dir und begleite Dich, bis wir uns wieder sehen."

In diesem Moment sehe ich Alfreds Gesicht vor mir. Alfred war immer lustig, liebte das Leben und seine Petra. Und Alfred, ihr Ali ist bei ihr. Ist bei uns. Lebt vielleicht gerade in mir weiter, damit ich selber keine feuchten Augen bekomme, um diese Zeilen aufs Papier zu bringen. Aber Alfred gönnt mir nur diesen kurzen Augenblick und ist auch schon wieder weg. Danke liebe Petra und Dir lieber Alfred für dieses wunderbare Geschehen, welches Du geschehen lässt.

Nun findet man in den sozialen Medien auch immer mehr Rubriken und Gruppen, in denen sich Tausende von Trauernden zusammenfinden, ihre Erfahrungen austauschen und ihrer Trauer teilen. Es ist einer der sozialen Orte, in denen man sich noch respektvoll und mit Nächstenliebe begegnet. Schön und kaum zu glauben, dass es so etwas noch gibt. Menschen, die ihre Liebsten auf tragische Weise, Krankheiten und auch auf die natürliche Art des Altersprozesses und anschließendem Sterbevorgang verloren und verabschieden mussten. Ich las dort von einer Frau, die ihre Geschichte öffentlich preisgab. Sie handelt von ihrem geliebten Mann, der gerade mal mit 50 Jahren gehen sollte/musste/durfte und dass sie das Gefühl hat, er schließt die Wohnungstür auf, geht duschen, setzt sich in den Sessel, steht auf und kommt zu ihr in die Küche, um ihr beim Kochen zuzusehen. Es handelt sich hierbei, wenn ich es so ausdrücken darf, um Phantomschmerzen. Wie, wenn Du eines Deiner Beine, welches Du 25 Jahre bei Dir hattest, amputieren lassen musst. Das wirst Du nicht mehr los. Es geht mit Dir, als wenn es da wäre. Es schmerzt, juckt und verkrampft, wie all die 25 Jahre zuvor. Aber es ist nicht mehr da. Das hat mit Zeichen nicht viel zu tun. Du kannst es eben nicht loslassen. Ein natürlicher Prozess, der sich über Jahre hinziehen kann und wird. Phantomschmerzen! Auch so ein Kapitel für sich. Eine sehr gute Bekannte von mir, schimpfte immer über ihren Mann (zu Lebzeiten), dass er mit seiner Pfeifenraucherei immer zu viele Tabakkrümel auf den Teppichen der kleinen und liebevoll eingerichteten Wohnung hinterließ und sie musste mit dem Staubsauger immer hinterher. Eine der konservativen Ehen, in denen der Ehemann Tabakkrümel und vergilbte Gardinen verursachte und die Ehefrau durfte waschen, saugen, kehren und wischen. Man darf sagen, dass ihr Mann kein schlechter Mann war. Er hatte eben andere Qualitäten wie z.B. backen, Reisen organisieren, kochen, mit den Jungs Fußball spielen und mit ihnen ins Schwimmbad zu gehen. Kein schlechter Mensch, kein schlechter Vater, aber diese Tabakkrümel machten sie manchmal wahnsinnig. Verständlich für jede Hausfrau, jeden Hausmann. Als ihr Mann dann verstarb, da fehlte was. Seine Backkünste, sein Lachen, die Reisen ins Gebirge oder auch an die See und wie sie mir dann mal anvertraute, manchmal auch seine Tabakspuren auf Teppich und gefliestem Flur. Dass sie jetzt weniger Gardinen waschen musste, dafür war sie ja noch dankbar, aber konnte er nicht wenigstens mal so eine kleine Tabakkrümelspur hinterlassen? Den Gefallen tat er ihr bis zum heutigen Tag, knapp 12 Jahre später, nicht. „Manchmal vermisse ich seine Pfeife und die Tabakkrümel“ sagte sie mir.

Er wird Dir keine Spuren von Pfeifengedöns hinterlassen, weil er weiß, Du würdest wieder einen Anflug von Ärger verspüren. Menschlich einfach. Einfach menschlich. Phantomschmerzen können sich auch im wiederkehrenden Ärger über die immer wieder gleiche Situation ergeben. Er liebte Dich abtrünnig und möchte nicht, dass Du Dich noch mal ärgerst. Kannst Du nun als Zeichen hinnehmen oder Du lässt es. Er hinterlässt keine Zeichen um Zeichen zu senden. Hä? Bei dem Satz nehme ich noch einen Schluck Wein zu mir. Tiefsinnigkeit braucht Klarheit. Manchmal liegt die Wahrheit, bzw. ein Zeichen im Glas! Manchmal trank ich auch, um Zeichen zu bekommen. Haderte mit einem höheren Wesen und mit meinem Vater. Das einzige Zeichen, welches ich am nächsten Morgen auf Anhieb bekam, waren die Warnhinweise meines brummenden Schädels, der mich darauf hinwies, dass Wein, Schnaps und bayerisches Starkbier keine gute Lösung sind für all die Fragen, die ich an das Jenseits hatte und noch habe. Heute suche ich keine Lösungen mehr im Alkohol, jedoch genieße ich, während ich diese Zeilen schreibe, ein gutes Glas Wein. Wobei ich auch nicht daran glaube, dass Jesus der Erfinder dieses wunderbaren Getränkes ist. Er machte auch nicht Wasser zu Wein. Ich glaube eher, er hatte noch eine extra Amphore dabei, die gefüllt war mit dem köstlichen Rebensaft und holte sie in einem unbeobachteten Moment hervor, um die Menge zu verblüffen. Jesus Copperfield. Yeah! Um an so etwas zu glauben, brauchst Du echt mal einen Rausch. Wobei ich auch glaube, dass gerade Ebbe herrschte, als er übers Wasser lief. Was will ich Dir damit sagen? Hier sitzt ein ganz normaler Mann mit 55 Jahren an seinem PC, der klar genug denkt und Zeichen von Halluzinationen zu unterscheiden versucht. Ich weiß es doch auch nicht. Wie ein Priester mal zu mir sagte:

„Wir sind eine Glaubens-, keine Wissensgemeinschaft. Wir können nur glauben, dass es nach dem Tod weitergeht. Würden wir es wissen, dass nach dem Tod wirklich alles in Ordnung ist, dass es keine Sorgen, keine Schmerzen, keine Lügen, kein Hass und kein Mobbing gibt; wenn wir das wissen würden, dass es nach dem Tod so ist, warm, paradiesisch, unendlich und vor allem unendlich zeitlos. Wenn wir diese Gewissheit hätten, würden wir hier unten schon viel friedlicher, respektvoller und liebevoller miteinander umgehen. Da wir das aber nicht wissen, haben wir nichts Besseres zu tun, als uns das Leben hier unten auf dieser Erde im wahrsten Sinne des Wortes gegenseitig manchmal „zur Hölle zu machen.“ Ein weiser Mann, dieser Priester. Seine Worte baue ich in fast jede meiner Trauerreden ein. Danke Dir! Da ich für heute aufhöre zu schreiben, mache ich mir mal, damit ich es nicht vergesse, ein kleines Zeichen, für das, was ich morgen weiterschreiben will.

Die besagten Schmetterlinge. Oh nein, ich kann es nicht vergessen, aber ich schiebe es die ganze Zeit in diesem Buch vor mir her (nicht von mir weg). Es sind so viele positive Einflüsse von vielen lieben Menschen, die mir so viel Input gaben, dieses Buch zu schreiben. Die Schmetterlinge gehen also nicht verloren, sie fliegen eh die ganze Zeit vor mir her. Besonders das kleine Tagpfauenauge, welches, als es leise an meine Terrassentür klopfte, mich als wohlbehütet ansah und mir dieses wohlige Gefühl gab, dass ich hier noch was zu tun habe. KILIAN...Du saßt auf meiner Hand! Kilian! 4 Jahre. Ich rede bei Dir und Deinem Abschied. Ich singe für Dich, Deine Brüder,..... Deine Eltern. Traktoren fahren eine Ehrenrunde für Dich und eine Seifenblasenmaschine bläst Seifenblasen, die der Wind so trägt, dass sie immer um die kleine Urne segeln. Wild und unbändig, wie Du es bist. Und so lebendig. Deswegen schreibe ich in der Gegenwart. Weil Du da bist, Kilian. Nein, nicht nur in den Herzen Deiner Eltern. Du bist allgegenwärtig. Lebendiger denn je. Lebendiger, je länger Du fort bist. Aber Du wirst nicht lange fort sein. Weil Du nicht fort bist. Du bist da und da, wo Du bist, kommen wir auch hin. Du gingst nur vor und wir kommen nach. Und natürlich können wir, und da spreche ich auch und insbesondere im Namen Deiner lieben Familie, noch nicht loslassen. Du bist gerade im Moment der weiseste von uns Allen. Keine Schmerzen, keine Zeitnot, keine Eile. Warum auch? Was sollte noch eilen? Für Dich nichts mehr. Genauso eilt Deinen Eltern nichts mehr. So wie Carmen, Deine Mama mir sagte, geht sie und Dein Papa Christian den Alltagsaufgaben gelassener entgegen. Entschleunigt. Fast wie in Trance und zeitlos. Was sollte sie noch zur Eile treiben? Sie sind voller Trauer und voller Hoffnung, Glaube und Liebe! Und Du? Was machst Du? Kommst so einfach mal mit einer Horde kleiner Freunde in Gestalt von Tagpfauenaugen durch den Garten geflogen. In einem Schwarm, der Mama und ihrer Freundin sogar Anlass gibt, Euch leicht weg “schlagen“ zu wollen. Ein leichtes wedeln, eher um Euch nicht zu verletzen. Aber was wolltest Du und die kleine Schmetterlingsbande ihnen mitteilen? Ich meine, wenn Deine Mutter lauter Pfauenaugen sieht, ihre Freundin jedoch Zitronenfalter zur gleichen Zeit? Kurze Zeit später seid Ihr verschwunden und erscheint Deinem Papi hinterm Haus ganz in weißer Gestalt. Fasching in dem kleinen Ort, wo Du wohnst? Mal kurz als Schmetterling Leute erschrecken? Kilian, wir haben September, aber......macht Spaß oder? Hast vollkommen Recht. Genieße die Zeit, die Du jetzt hast. Viel zu viel hast Du in Deinem kleinen irdischen Dasein ertragen müssen. Es läuft mir eine Träne herunter, als ich an Deiner Beisetzung singen darf. Ich denke es ist ein Schweißtropfen, aber es ist eine Träne. Eine kleine. Eine Schmetterlingsträne! Jetzt, in diesem Moment läuft mir eine dicke Träne herunter. Ich suchte einen Titel für DEIN Buch. DEIN persönliches Buch, bei dem ich Deine Hilfe brauche. Du musst bitte mit mir schreiben. Tag und Nacht, kleiner großer Kilian. Und nun sendest Du mir den Titel: „Kilian und die Schmetterlingsträne." Ich danke Dir. Ich brauche eine Pause. Verdammt, gerade kommen mir die Tränen. Heute früh um 6:30 Uhr beim Laufen (ja, es gibt Menschen, die machen sonntags früh schon Sport) überlegte ich zuerst, wie so oft, wie und was ich heute Mittag koche. Meine Frau genießt es, wenn ich koche. Nicht umsonst war ich auf der Kochschule und 22 Jahre in der Gastronomie. 12 Jahre davon selbstständig. Wenn ich nachts nicht einschlafen kann, kreiere ich Rezepte, bis mich die Müdigkeit wieder einholt. Früher war das anders. Da dachte ich an Menschen, die ich liebe, die noch leben und sich nicht mehr melden. Grübelte und dachte nach. Erschöpft ging ich dann früh zur Arbeit. Heute denke ich mir ein Rezept aus und schlafe wieder ein. Im Gegensatz zu früher, als ich Blitzeinfälle hatte, die so gut waren, dass ich sicher war, sie am Morgen auch noch im Gedächtnis zu haben (was nicht so war), habe ich diese Kochrezepte noch klar im Kopf und sie gelingen immer. Dann fielen mir bei meinem Morgenlauf wieder die Schmetterlinge ein. Einen Tag nach dem Gespräch mit Kilians Mama Carmen saß ich mittags da und spielte FIFA *(mit 55 J., na sowas...ich brauche auch meine Auszeiten und außerdem möchte ich eines Tages dem Sohn meiner Frau mal so eine richtige Klatsche verpassen. Richtig besiegen konnte ich ihn nie. Die jungen Menschen gehen ja mit dem Controller ins Bett, da bin ich sicher)*, als ich am Fuße der rechten Terrassentür von außen einen Schmetterling bemerkte. Es war ein Tagpfauenauge, der auf den ersten Blick erschöpft schien und es sah so aus, als wenn er mit seinen Fühlern leise an das Fenster der Tür klopfte. Sofort legte ich den Controller aus der Hand und ging langsam zur Tür. Ich öffnete sie so vorsichtig wie möglich, um den kleinen Flieger nicht zu verjagen. Er machte keine Anstalten wegzufliegen. Atmete auch ruhig. Also nicht so, als wenn er pumpte und erschöpft wäre, wie zuerst angenommen.

Ich kniete mich vorsichtig nieder, beugte mich zu ihm. Sachte, ganz sachte hielt ich ihm meinen Handrücken entgegen. Es ist ja diese alte Vorsichtsmaßnahme, Hunden oder Katzen den Handrücken hinzuhalten, damit sie sich durch eine offene Handfläche nicht bedroht fühlen. Ob Herr oder Frau Pfauenauge dieser aufmerksamen Geste Beachtung schenkte, mag ich nicht zu beurteilen. Auf jeden Fall dauerte es keine Sekunde, da saß er schon auf meiner Hand mit seinem Gesicht zu mir gewandt. Wie in der Szene von Patch Adams dem Klinikclown, als seine ermordete Freundin in Gestalt eines Schmetterlings erschien, sich auf seine Hand setzte, nickte dieses kleine Pfauenauge mir nun zu. Ich denke, es waren 20 Sekunden, die er bei mir verweilte. Dann flog er weg. Munter, flott, nie müde gewesen. Dieses Nicken beantwortete so viele Fragen. Kilian. Kleiner großer Kilian. Wie mein Vater sagst Du mir, ich solle mit dem Buch nicht mehr so lange warten, wie mit dem ersten. Danke! War ja nicht der erste Schmetterling, der mich begrüßte *(so könnte ein weiteres Kapitel beginnen).* Jeder hat in irgendeiner Form, Art und Weise sein „Allererstes mal“ und dies nicht nur einmal im Leben. Ob man heimlich seine erste Zigarette raucht, das erste Mal geküsst wird oder auch das erste Mal betrogen und enttäuscht wird. An das erste Mal erinnern sich die meisten Menschen.

Ich weiß auch heute noch, wie meine allererste Klassenlehrerin hieß. Frau Herschel. Vergisst man nicht. Eine elegante ältere Dame, die immer adrett und modisch gekleidet war. Ich war gerade 6 Jahre und ihr Klassenliebling. Das Gesicht, ihre Art zu sprechen und sich zu kleiden, waren einmalig. Hilfe, nein, ich war nicht verliebt in sie. Das war ich dann später in meine Französischlehrerin in der Berufsschule mit 15! Puh, ich schweife ab und habe das Gefühl, Frau Herschel und besagte Französischlehrerin schmunzeln nun aus dem Jenseits. Sie wissen, dass ich zwar immer bei der Sache war, aber mich auch gerne ablenken ließ. So wie jetzt gerade. Auf der anderen Seite bekam ich von meinem Deutschlehrer immer eine 1, weil ich Geschichten gut einleiten konnte und spannende Vorgeschichten zu erzählen wusste, bevor ich zum Punkt kam. Dieses allererste Mal also, als ein Schmetterling mich bei einer Trauerrede begleitete, begab sich im Friedwald zu Pappenheim. Mittlerweile bezeichne ich ihn liebevoll als mein „Wohnzimmer“ in dem ich schon viele Trauerreden feierlich halten konnte und durfte. Danke für dieses Geschenk. Es waren 32 ° im Schatten und wir befanden uns zu Beginn auf dem Andachtsplatz des Friedwaldes. Die Gäste waren locker, obwohl es eigentlich nur zum Heulen war. Die Frau, die vor ihrem Ehemann ging, war Anfang 50, sehr beliebt und hatte Krebs. Man erzählte mir Tage vorher in gemütlicher und lockerer Runde von ihr und ich bekam Einblicke in ein Leben, bei dem ich wieder mal mit Fug und Recht behaupten konnte, dass man nicht jeden Sonntag in die Kirche rennen muss, um ein guter Mensch, geschweige denn ein guter Christ zu sein. Wir suchten Lieder aus, die ich dann über mein Tablet mit verbundener Box spielen würde. Ich spürte dieses Vertrauen der Menschen und wie immer ging ich am Tag der Beisetzung mit dem nötigen Respekt vor der Trauer und dem ebenso nötigen, immer wiederkehrenden Lampenfieber zu diesem Andachtsplatz. Als ich das erste Lied abspielte, bevor ich zu einem freien Gebet und der anschließenden Rede kam, setzte sich ein Schmetterling auf den oberen Rand des hölzernen Rednerpults des Waldes, nicke mir zu, bevor er sich den Trauergästen zuwandte. Während des gesamten Liedes saß er da und für alle gut sichtbar. Nach dem Song war er weg und erst auf dem Weg zum Urnengrab am Baum, flatterte er wieder zu uns, setzte sich kurz über das Grab auf einen Ast und es schien, er hörte mir zu. Heute glaube ich, sie, die Vorausgegangene gab uns allen Kraft und mir die richtigen Worte.

Als freier Redner liest man nicht einfach was ab und rasselt oder murmelt es in konfessionslastiger

Manier runter. Man ist bei den Anwesenden, fühlt sich hinein und ab und zu hat man selber einen Kloß im Hals. Wer das nicht bei seinen Reden kennt, sollte den Job wechseln, da es dann auch keine Berufung ist. Wer sich als freier Redner nun auf den Schlips getreten fühlt, soll wissen, dass mir Atemübungen durchaus bekannt sind, aber selbst bei einer 99-jährigen Frau kamen mir die Tränen. Nicht, dass ich meinen Worten an das Weiterleben nach dem Tod nicht traue oder glaube. Nein, ich trauere mit. "Seid fröhlich mit den Fröhlichen und traurig mit den Traurigen." Steht sogar in der Bibel. Und habt ein Auge auf die Zeichen, die ich Euch zeige. Das steht, glaube ich nicht drinnen, aber Ihr sollt ja auch auf die Zeichen hier im Buch achten, nicht auf die der „heiligen Schrift". Entschuldigt, dass ich die beiden Wörter in Anführungszeichen setzte, aber wer in der Bibel die Kriege, die in Gottes Namen geführt wurden, als heilig bezeichnet, hat für mich nicht alle Tassen im Schrank. Sollte es einen Gott geben, hat er sicher nicht gewollt, dass in seinem Namen Milliarden Liter Blut vergossen werden. Wieso kommt mir gerade wieder die schreiende Inge in den Sinn? Naja, ein Kapitel für sich, diese Inge!

Ich bin in Vohburg *(Achtung, es entstünde nun hier ein neues Kapitel)*, habe dort ein Date mit einer Dame, die nun im Jahr 2021 ihren 80. Geburtstag feierte. Sie möchte sich absichern, ihren Kindern keine Arbeit machen und trifft daher eine Vorsorge, die beinhaltet, was nach Ihrem Ableben von dieser Erde alles unternommen werden soll. Auch die Urne hat sie sich schon ausgesucht und sie gibt mir in einem sehr angenehmen Gespräch Stoff für die Trauerrede, die ich halten darf. Ich bin wieder einmal gerührt über so viel Vertrauen und höre der Dame fast schon atemlos zu, als sie mir aus ihrem ereignisreichen Leben erzählt. Sie kommt aus dem östlichen Teil Deutschlands. Aus einer Gegend, in der kein Glaube gepredigt wurde, keine Hoffnung geschürt, dass es nach dem Tod weiter geht und irgendwie klingt sie resignierend. Es fühlt sich an wie: "Das war es dann wohl, wenn ich sterbe." Ich spüre die Angst der Dame, dass es wohl dann nichts mehr gibt und höre aufmerksam zu. Mittlerweile bin ich mit 55 Jahren ein guter Zuhörer geworden. Eine Tugend, die ich früher in jungen Jahren wohl nicht ganz so an den Tag legte. Nun, wer macht schon alles richtig? Für diese Frau ist es aus. Aber warum möchte sie einen Redner für ihre Trauerfeier? Logisch. Weil jeder Mensch an etwas glaubt. Selbst Atheisten glauben, dass sie nichts glauben. Ein damaliger, in meiner Band spielender Gitarrist glaubte auch, er wäre Vegetarier. „Kein Fleisch, außer Huhn und Fisch" teilte er die frohe Kunde und schien darauf stolz zu sein.

Ganz zu schweigen, dass er zwar, wenn es Schweinebraten gab, nur das Blaukraut und die Knödel verzehrte, sich es aber nicht nehmen ließ, die köstliche Bratensoße dazu zu genießen. Aber er glaubte tatsächlich, er wäre Vegetarier. Wenn man ihn darauf ansprach, dass dies nicht ganz so richtig wäre, wurde er ärgerlich und gar laut. *(Auch in einem Mann steckt manchmal eine Inge)* Dieses: "Kein Fleisch außer Huhn und Fisch“ hörte sich an wie: „Ich bin Nichtraucher außer Marlboro und HB“, bzw.: „Ich trinke generell keinen Alkohol außer am Samstag oder wenn Besuch kommt oder wir gehen aus und manchmal nach einem stressigen Tag.“ Wie „glaub“würdig! Als mir die Dame aus Vohburg dann anvertraute, dass sie nachts Gesichter über sich schweben sieht und dass es kein Traum wäre und sie wirklich dabei wach liegt, bin ich seelenruhig und glaube ihr. Warum? Weil sie nicht schreit. Sie wird nicht laut und scheint eher verängstigt bzgl. der Gesichter in dunkler Form, die ihr immer wieder begegnen. Als wir uns nach einer Stunde verabschieden, gibt sie mir ein Buch in die Hand und ein großes und ein kleines Glas Honig aus dem Erzgebirge. Das kleine soll ich meiner Mama mitnehmen, wenn ich sie im Seniorenheim besuche. Ich bin gerührt und wir machen ein neues Date aus. Ich freue mich sie wieder zu sehen. Wenn nicht mehr hier, dann an der

Endstation, wo sie mich dann eines Tages empfangen wird. Oder empfange ich sie? Wer weiß, vielleicht kippe ich beim Tippen und Schreiben dieses Buches auf einmal vom Stuhl und gehe vor! Dann gibt es ein ganz neues, anders Kapitel.

Lass mich Dir die Geschichte von Carola erzählen. Sie ist eine Pflegerin und ich lernte sie über einen Todesfall kennen. Als wir uns in der nahegelegenen Bäckerei des Bestatters für den ich arbeite treffen, ist es tatsächlich ein Blind Date. Wir trinken Kaffee und plaudern angenehm. Die eigentliche Geschichte über Zeichen, wegen der wir uns im Grunde verabredeten, wird am Rande erzählt und doch ist sie so ergreifend, dass ich Carola bitte, mir diese per Mail nochmal selber aufzuschreiben. Nein, ich bin nicht schreibfaul. Aber ich möchte größtenteils in diesem Buch die lieben Menschen selber zu Wort kommen lassen. Lese selbst und lass Dich entführen in zwei Welten.

Hier die Zeilen von Carola und ihren Eltern: Meine Eltern wollten ja nach Bayern zu mir ziehen, Wohnung war bereits gekündigt, Sachen gepackt. 2 Wochen vorm Umzug starb er.... Mein Vater fuhr sein über alles geliebte Auto in die Garage, ging dann heim. Angekommen, setzte er sich gleich hin. Er schwitzte, fasste sich ans Herz und klagte über Schmerzen. Meine Mutter rief sofort den Notarzt.

Wenige Minuten später kam der Krankenwagen und nahm ihn mit. Sie rief mich an und informierte mich. Ich wohnte im 300 km entfernten Bayern und wollte gleich losfahren. "Ach, brauchst Du doch nicht" waren die Worte meiner Mutter. "In 2 Tagen ist er wieder zurück". Zum damaligen Zeitpunkt klang das einleuchtend, war er doch auf der Herzstation des Chemnitzer Krankenhauses gut aufgehoben. Wenig später bereute ich, auf meine Mutter gehört zu haben. Zwei Tage später starb mein Vater. An dem Tag hatte ich ein seltsames, unwohles Gefühl. Innerliche Unruhe machte sich breit. Nachts um 23 Uhr rief mein Bruder an und teilte mir den Tod meines Vaters mit. Fassungslosigkeit, Leere, Entsetzen! Laut Arztbericht kippte er auf dem Weg zur Toilette, begleitet von 2 Schwestern um und war sofort tot. Er wurde ca. eine halbe Stunde wiederbelebt. Zusammen mit meinem Bruder zog ich meinen Vater beim Bestatter an, nahm so Abschied. An seinem Grab sprach ich letzte Worte, meine Tochter spielte mit der Trompete: "Der letzte Trompeter" und von Rod Stewart "I am sailing"..... Es hätte ihm gefallen...oder es hat ihm gefallen.....ich weiß es nicht .... Ein halbes Jahr später war ich in Irland im Urlaub. Mein Vater erschien mir im Traum. Mir war bewusst, dass es nicht real war. Da er ja tot war.... Er ging neben mir. Er sprach kein Wort. Ich fragte ihn, ob er zur Mama gehe....ich bekam keine Antwort, wir gingen ein Stück....Ich hatte ein angenehmes, warmes, beruhigendes Gefühl als ich aufwachte. Irgendwas sagte mir, ihm gehe es gut. Verrückte, unglaubliche Geschichte und kaum mit Worten wiederzugeben..... Zuhause erzählte ich meiner Mutter von diesem Traum.....auch ihr erschien er....irre, in derselben Nacht.....ob er zuerst bei ihr, oder bei mir war, wissen wir nicht. Auch mit ihr sprach er nicht und ging nur neben ihr.... Meine Mutter starb elf Jahre später. Sie hatte Bauchspeicheldrüsenkrebs. Das letzte halbe Jahr voller Leiden.... Sie erschien mir nach ca. drei Wochen im Traum. Auch da wusste ich, dass es nicht real war. Wir saßen am Tisch. Mein mir Gegenüber verteilte irgendwelche Gutscheine. Meine Mama, schräg gegenüber von mir, wollte auch welche haben. Im Gegensatz zu meinem Vater sprach sie. Ich musste ihr drei Mal sagen, dass sie tot ist.....unglaublich..... Ich weiß nicht, wie und was da passiert....Ist es das Unterbewusstsein? Unsere Seele? Vielleicht sehen wir uns wieder, wir werden es zu Lebzeiten nicht erfahren.

Danke liebe Carola für Dein Vertrauen und diese wunderbaren Begegnungen. So vieles im alltäglichen Bestatterunternehmen, was mich immer wieder berührt. Ich höre zu. Viele Menschen, die mir ihre Trauer mitteilen, geben mir unbewusst Inhalte für dieses Buch. Manche bekommen gar keine Mitteilungen der Menschen, die vor ihnen gingen. Manche sind nicht empfänglich dafür und einige haben absolut Angst vor diesen Begegnungen. Menschen aus dem Jenseits lassen diese Angehörigen zumeist in Ruhe. Dann heißt es nur warten, bis wir nachkommen und die Gewissheit haben. Bei einer Urnenbeisetzung gab mir die Tochter des 90-jährigen Verstorbenen einen Zettel, auf dem einige Punkte bei der von mir zu verfassenden Rede zu berücksichtigen wären. Als erster Punkt stand dort: „Der Tod ist endgültig." Nun verfasse mal eine Rede, die Trost und Hoffnung geben soll, wenn für den Vater, der nun ging, der Tod endgültig ist. Und doch fand ich, nachdem ich mich sammelte, die richtigen Worte. Zumindest kam nach der Beisetzung ein reiferer und meines Erachtens, gutsituierter Herr auf mich zu und flüsterte fast andächtig: "Ihre Rede hat mich sehr ergriffen und ihre Worte waren sehr bewegend. Es hat mir gut gefallen. Ich danke Ihnen." Hier muss ich auf einmal an den Brief denken, den mir eine Frau schrieb. In diesem bedankte sie sich für die rührenden Worte voller Empathie bei der Beerdigung einer Bekannten. Sie war dort anwesend und wollte mir nur mitteilen, dass es sie sehr bewegte, jedoch hätten ihr die Bibelstellen gefehlt. Nun, da werde ich auch in Zukunft drauf verzichten. Wie schon erwähnt, schreibe ich nichts aus einem Buch, in dem Kriege, die im Namen Gottes geführt werden, befürwortet werden. Wer Krieg führen muss, zweifelt. Wie sich herausstellte, gehört die briefschreibende Dame einer Religionsgemeinschaft an, in der den Menschen versprochen wird, dass sie eines Tages zu den 144.000 Menschen gehören, die zu den Auserwählten Gottes gehören, wenn sie regelmäßig in den Gottesdienst gehen und davon auch keinen mutwillig versäumen. Fast eine geniale Marketingstrategie, den Menschen Druck zu machen, ihnen Angst einzujagen, damit sie auch ja regelmäßig einen Teil ihres Nettolohnes abgeben. Ja, ein himmlisches Wesen verlangt eben Opfer. Nun sind mir jedoch zwei solcher Gemeinschaften bekannt, die solche begrenzten Zahlen in den Raum stellten. 144.000. Nun bin ich aber nicht sicher, ob man diese Anzahl durch zwei teilen muss oder sind es doch 288.000 Leute, die nun das Glück haben, in den Himmel zu kommen? Bei nun fast 8 Milliarden Menschen, von denen die meisten nicht das „Glück" hatten, diese beiden Institutionen aufzusuchen, ist das wieder mal ein grausames Unterfangen dieses unbarmherzigen Gottes. Begrenze die Anzahl, jage ihnen Angst ein und dann folgen sie Dir brav wie eine Schafherde. Nicht umsonst waren die meisten Anhänger Jesus in Gestalt eines Schafes wiederzufinden. Verstehe mich nicht falsch, lieber Leser, liebe Leserin. Ich gehörte einer dieser beiden Gemeinschaften an und bin heute

im Nachhinein sehr dankbar für den Grundstock, den man mir legte. Die Menschen, die sehr gläubig diese Glaubensthesen und Vorschriften befolgten, waren und sind auch nur Menschen und auf der Suche. Ich verurteile nicht mal die, die diese Vereine gründeten. Im Grunde waren sie auch nur schwach und suchend, wie Jesus auch. In diesem Moment erscheint mir meine Frau im Büro. Freudestrahlend präsentiert sie unsere neue Klobürste für 41 €uro. Ja, Du hast richtig gelesen. Einundvierzig €uro. Sie ist biegsam und hat einen Kopf in Herzform, passt sich jeder Öffnung und Kurve in unserer Keramikabteilung an und scheint ihr Geld wert zu sein. Ich glaube, ich bekomme gerade ein Zeichen in Form einer Klobürste, dass ich mit der festgesetzten Schäfchenanzahl der jeweiligen Religionen nicht nur ein sensibles, sondern auch ein Besch...eidens Thema anfing. Bitte um Verzeihung ;-)
Nun will ich Dir aber tatsächlich entgegen meiner Prinzipien einen Auszug einer Rede mitgeben. Es ist ein Auszug der Rede für den Mann, für den der Tod etwas Endgültiges ist. Evtl. könnte dies sogar der Beginn eines Kapitels sein. Auszug einer Rede:

Die Natur zeigt uns die Vergänglichkeit und den Neubeginn. Auch wenn es jetzt trist und grau ist, ist das Bunte schon auf dem Weg

Diesen Vers fand ich unter Buddhazitate. Wobei gerade bei diesem Zitat nicht sicher nachgewiesen ist, ob es wirklich von Buddha kommt. Was aber auch keine Rolle spielt, schenkt man dem Inhalt Beachtung nicht dem Verfasser. Und so zeigt uns dieser Spruch auf Schöne Art und Weise, wie vergänglich das Leben hier auf dieser Erde ist und wie doch die Hoffnung auf einen Neuanfang bestehen bleiben kann und darf. Und immer, wenn ich vor Trauerreden über Friedhöfe gehe, lese ich Grabsteine, bzw. lese ich die Inschriften der Grabsteine und immer wieder, wenn ich die Differenz zwischen Geburtsjahr und Sterbejahr errechne, keimt in mir die Frage: „Wann ist es zu früh für uns Menschen?“ Wann ist es zu früh. Wir können um Menschen trauern, die über 100 Jahre wurden und es ist manchmal auch für uns in diesem Alter plötzlich und unerwartet und natürlich ist der Schmerz, nimmt man Abschied von einem 4-jährigen Kind. Wenn man einen Menschen liebt, sich mit ihm versteht, mit ihm durch dick und dünn geht, alle Lebenslagen meistert, ist es immer zu früh, wenn er geht. Wir dürfen heute einen Mann verabschieden, für den der Tod etwas Endgültiges ist. Und damit hat er Recht. Rudolf Schuhmann (Name geändert) Der Tod ist endgültig. Und von daher sagte er auch:“ Wer zu Lebzeiten etwas versäumt hat, kann es nicht mehr nachholen.“ Und als ich mich in Rudolf versuchte, hin-einzudenken, was er ja auch gerne tat und auch von anderen erwartete, Sich in den anderen hineindenken, da kam mir mehr und mehr die Erleuchtung, dass Rudolf Schuhmann in allen Belangen Recht hat. Wir können das, was wir auf dieser Erde versäumt haben, nicht nachholen, weil es das genau das dann auch nicht mehr geben wird. Ob wir es glauben oder nicht. Es wird es dann nicht mehr geben, dass wir uns Vorwürfe gegenseitig machen, dass wir Gegenvorwürfe erwarten müssen. Es wird es auch nicht mehr geben, dass wir noch eigene Fehler und Schwächen bedenken müssen. Nach dem Tod gibt es keine Fehler mehr, keine Schwächen, keine Gelüste, kein Neid, kein Hass, kein Über andere reden. Das ist nach dem Tod vorbei. Alle Ängste und Sorgen sind vorüber. Das, was uns auf dieser Erde gequält hat, missmutig gemacht und gar zornig, das wird es dann nicht mehr geben. Und dabei geht es jetzt nicht mal darum, ob es dann noch etwas gibt oder nicht. Nein, all das, womit wir uns herumärgerten, ist vergessen, vorbei, abgehakt. Allerdings kam mir beim Schreiben jetzt gerade in dieser Minute der Gedanke, warum wir Menschen uns hier auf dieser Erde das Leben gegenseitig so schwer machen. Und warum wir nicht den Wert jedes einzelnen schätzen, so wie Rudolf es tat. Warum wir nicht Werte vermitteln, so wie Rudolf und seine Frau es taten. Aufrichtigkeit, Ehrlichkeit, Zufriedenheit. Das waren die Werte von Rudolf. Den Wert der Gemeinschaft und deren Zusammenhalt pflegen.

Das war ihm wichtig und doch nicht ganz gelungen. Rudolf Schuhmann war ein harmoniebedürftiger Mann, bodenständig mit beiden Beinen im Leben stehend. Und heute verabschieden wir ihn. Endgültig. Der Tod ist endgültig! Das ist richtig. Der Tod ist endgültig. Oder? Oder ist nur das Leben auf dieser Erde endgültig? Wie geht es weiter? Ja, wir können von einem langen Leben sprechen. 1930 geboren, 8 Geschwister mit Roland und 5 Schwestern sind noch da. War es ein erfülltes Leben? Ja, sicher, aber mit was erfüllt? Wann dürfen wir von einer Erfüllung sprechen? Wenn es nach meinem Glauben geht und den habe ich zum Glück wieder gefunden, dann, ja dann ist der Tod endgültig, ...jedoch nach meinem Glauben nur für die menschliche Hülle, unserem Körper. Der Körper hat seine Schuldigkeit getan. Und die letzte Sorgenfalte auf der Stirn ist gewichen. Wenn wir uns Verstorbene ansehen, werden wir immer bemerken, dass die Sorgenfalten der Stirn verschwunden sind. Nicht die Altersfalten. Die stehen uns zu. Die Falten der Nöte, Sorgen, des Kummers, die sind gewichen. Gewichen mit dem Tod. Wir Bestatter sagen manchmal scherzhaft: „Auch die Sorgenfalte um das nächste Schreiben vom Finanzamt ist verschwunden.“ Im Grunde ist der Tod wunderbar. Weißt Du warum? Weil Du dann Zeichen senden kannst, um denen Kraft und Trost zu spenden, die noch nicht gehen durften. Oh, nein, ich bin nicht lebensmüde. Es könnte sich fast so lesen. Aber nein. Ich bin nur hier, um die Lebensfreude mitzunehmen, die ich wiederfand. Auch, wenn eine Kollegin mir erzählt, sie wäre bei der Geburt ihres dritten Kindes (oder ihres zweiten? Ich weiß nicht mehr) in der Narkose so tief weg gewesen, dass sie dieses berühmte weiße Licht gesehen hätte. Man liest und hört ja oft von Menschen mit Nahtoderfahrungen, dass diese jenes weiße Licht sahen und ihnen dabei wohl war und niemand hatte Angst vor diesem Licht. Also, ich hörte jetzt auch nicht gerade Angst aus der Erzählung der lieben Kollegin heraus, jedoch war sie noch nicht bereit zu gehen. Sie wollte doch ihr Neugeborenes sehen, es in den Armen halten, es mit ihrem Mann großziehen. Und sie kämpfte gegen dieses Licht an. Mit allen Kräften und erwachte wieder. Glückliche Mutter und in Zukunft aber weniger Angst vor dem Tod, so denke und hoffe ich doch. Genau wie ich hoffe, dass Du keine Angst vor dem Tod hast. Es gibt so viele wunderbare Geschichten und Erzählungen, so dass wir keine Furcht haben müssen und dennoch hält es uns hier und wir wollen noch viel von dieser Erde sehen, wollen unsere Kinder, Enkel, Neffen, Nichten und Geschwister noch nicht loslassen. Wollen mit ihnen noch feiern, lachen, reisen, was erleben. Absolut verständlich. Und gerade diese Fröhlichkeit dürfen wir mitnehmen, wenn wir vorgehen. Und gerade heute führte ich ein schönes Gespräch mit einer doch noch jungen Frau, die ihren Mann verlor, der an unheilbaren Krebs verstarb. Sie begleitete ihn in den letzten Wochen und er führte Gespräche mit ihr, die man normalerweise in dieser Art nicht führt, es sei denn man scherzt nach Alkoholkonsum mal darüber. Er traf mit ihr die nötigen Vorbereitungen, teilte ihr mit, welchen Friedhof er sicher nicht möchte, wie die Todesanzeige gestaltet werden soll und wie die Sterbebilder aussehen dürfen. Dieser Mann wollte kein Kreuz, war jedoch gläubig. So etwas gibt es. Bei mir zum Beispiel wird auch kein Kreuz auf einem Sterbebild zu sehen sein und auch nicht in einer Todesanzeige. Warum auch? Da wurde ein junger Mann damals an das Kreuz genagelt, weil er ein Fantast war und Hirngespinste mit sich herumtrug und diese auch noch verbreitete. Wie oft wurde mir in meiner Jugend erzählt, dieser Mann würde bald kommen und uns alle heimholen. In den 70 er Jahren sollte er kommen, vor dem 21. Jahrhundert auch. Hat wohl Verspätung. Ich glaube nicht, dass wir abhängig sind von einem Gott und seinem Sohn und auch noch von einer Jungfrau, die ein Techtelmechtel mit dem heiligen Geist hatte. Josef muss ja ganz schön naiv gewesen sein. Darauf baute die Kirche, die Kirchen auf. Auf die

Naivität der Menschen, spielte mit ihrer Angst und bauten sich, je nach Marketingstrategie ein Imperium auf. Wie in der freien Marktwirtschaft haben eben die Institutionen, die nicht gut vorbereitet waren, eben wieder aufgegeben und versanken im Nichts. Der katholischen Kirche gebe ich noch ca. 150 Jahre. Dann ist auch sie verschwunden. Obwohl ich hoffe, dass die Strafe für ein verhängtes Zölibat früher erfolgen sollte. Ich gebe niemandem die Schuld für die Nichteinhaltung des Selbigen, sondern denen, die es erfunden haben. Wer hat Euch denn so einen Krampf erzählt? Wenn es einen Gott geben sollte, hätte er doch nie dieses wunderbare Werkzeug für Mann und Frau geschaffen, damit sie sich in Enthaltsamkeit üben. „Für die Enthaltsamen erschaffe ich Ministranten und Pfarrersköchinnen“ sprach Gott und sah, dass es zum Scheitern verurteilt war. Im Wort – Enthalt-SAMEN- steckt ja so viel, nicht wahr? Aber gut, ich schweife wieder ab. Die junge Frau des Mannes, der also im Alter von 63 Jahren vorging, sagte mir, ohne zu wissen, dass sie einen Teil meiner Trauerreden zitierte, dass sie nicht an einen Gott glaubt, der uns für alles verurteilt, was wir auf dieser Erde anstellten. Wir schwammen auf einer Wellenlänge und sie nahm viel Trost mit, als ich ihr sagte, dass wir unsere Lieben, die vorausgingen, wiedersehen. Ich bin so dankbar, dass ich Dir diese Zeilen

schreiben darf, dass Du, wie schon in meinem Buch „Angst vor dem Tod? Wieso das denn jetzt?“ Deine Ängste ablegst und diese Zeichen annimmst. Ich bekomme meine Zeichen durch meine Frau. Ihre Gestik, ihre Besonnenheit, Ihre Ratschläge lassen mich immer wieder zu der Überzeugung kommen, dass mein Vater durch sie spricht. Ich habe keine Angst, dass er in der Nähe ist. Nicht mehr. Früher hatte ich echt Angst, er ist im gleichen Raum und beobachtet mich. Heute weiß ich, dass er da ist, jedoch dezent wegschaut oder sich verzieht, wenn Dinge im Haus geschehen, die ihn gerade nichts angehen. Naja, vielleicht schaut er auch zu. Ich glaube, er hatte eine leicht angehauchte voyeuristische Ader. Mir egal. In solchen Augenblicken denke ich nicht an ihn. Aber dann wieder oft.
Jürgens Kapitel könnte das Kapitel heißen, wenn es eins gäbe. Auf meinen Aufruf bei Facebook, man solle mir doch gerne noch Geschichten und Erzählungen mit Erfahrungen aus dem Jenseits schreiben, meldet sich Jürgen. Jürgen, immer gut gelaunt, Musiker, Radiomoderator, einfach ein toller Mensch schreibt mich an. Ich übernehme den kurzen Text auch hier 1:1" "Bzgl. Deiner Frage über das Jenseits kann ich Dir folgendes erzählen: Der Vorgang des Sterbens ist scheinbar nicht schlimm. Ich war schon einmal in der Situation (vor ca. 10 Jahren), und es

fühlte sich extrem angenehm an. Man hat abgeschlossen, die Schmerzen sind nur noch nebensächlich, und ich fand große innere Ruhe und Zufriedenheit. Es war mir völlig egal, wenn es aus gewesen wäre, um nicht zu sagen, ich freute mich irgendwie auf das kommende... Gott sei Dank darf ich noch ein bisschen hier sein!!! Liebe Grüße, und ein schönes Wochenende, Dein Jürgen" Vielen Dank lieber Jürgen. Ja, wir brauchen keine Angst haben. Sie erwarten uns und wir dürfen uns freuen.

Gleich meldet sich Carina. Sie möchte mir ihre Geschichte als Sprachnachricht senden. Ich bin gespannt. Sie sagt, sie meldet sich in einer Stunde, weil sie noch einkaufen müsse. Unterdessen fällt mir die Episode ein über diesen Menschen, der sich mit Gott unterhält und ihm Vorwürfe macht, dass am heutigen Tag so einiges schief ging und er macht Gott dafür verantwortlich. Gott antwortete ihm, dass er all diese Dinge zuließ um ihn zu schützen. Hätten sich diese Ereignisse nicht ergeben, wären für den Mann ganz viele schlimmere Ereignisse eingetreten. Bei solchen Erzählungen, die den naiven Menschen zu Tränen rührt, denke ich mir meistens, dass Gott bei nun knapp 8 Milliarden Menschen so ein wenig die Kontrolle verloren hat. Ich glaube auch nicht, dass es einen Gott gibt, der uns vor Prüfungen stellt indem er uns ein behindertes Kind „schenkt". Das ist alles

Angstmacherei der Kirchen. Genau, wie man mir als Kind in den 70 er und 80 er Jahren erzählte, wenn wir mutwillig einen Gottesdienst versäumen, fehlt jedes Mal eine Sprosse der Himmelsleiter. (Der Abstand von der letzten Sprosse bis zur jetzigen ist bei mir enorm groß geworden. Keine Chance mehr ins gelobte Land zu kommen.) Marketingpläne, Gruselgeschichten, die von den Strategen mittlerweile über Bord geworfen wurden. Man erzählte mir auch, dass ich kein Fußballspiel im Stadion ansehen dürfte, da Gotteskinder da nichts verloren hätten und der letzte Bub, der mutwillig der Kirche fernblieb um ein Fußballspiel anzusehen, bekam unter 20.000 Zuschauern den Ball an den Kopf und starb. Hoppala. Grausamer Gott. Oder die Geschichte aus Ostfriesland, als es in einem Klassenzimmer an die Tür klopfte. Vorher stritt der Lehrer mit einem der Schüler und sagte, es gäbe keinen Gott. Der Schüler aber meinte, es gäbe doch einen. Während dieses Streitgesprächs klopfte es und der Lehrer forderte den Jungen auf, die Tür zu öffnen. Es war aber niemand an der Tür oder auf dem Flur zu sehen. Dreimal hintereinander. Nachdem der Lehrer zum wiederholten Male beteuerte, dass es keinen Gott gäbe, klopfte es wieder und der Lehrer öffnete selbst und siehe da.........er fiel auf der Stelle tot um. Nach diesen Märchen weigerte ich mich, nicht nur nicht ins Stadion zu gehen, sondern auch in die Schule. Das kommt davon, wenn man mir Angst macht. Nein, im Ernst. Ich besuchte Stadien und auch die Schule, weil ich die Herausforderung brauchte. Diesen Nervenkitzel, abzutreten, wenn ich etwas tue, was die Kirchenleute mir verbieten. „Denn sie wissen nicht, was sie tun" und was sie reden. Wie schon erwähnt, sind die Prediger heute schlauer geworden, haben sich erkundigt und der moderne Geistliche spielt heute selber mit der Kirchenjugend Fußball und es wird auch mal ins Kino gegangen, was uns übrigens auch untersagt wurde. Nach diesem Verbot war ich 8 x in „Rambo" und sah mir 11x „Mc Quade der Wolf" an. Im Gegensatz zu den Widersachern von Sylvester Stallone und Chuck Norris, überlebte ich diese Kinogänge. Beinahe hätte ich dran geglaubt, dass dieser Gott es gut mit mir meint, weil er mich verschont ließ. Das hieße aber wieder, dass er andere Menschen nicht so lieb hat. Oder er bestrafte mich, indem er mich einfach noch ein wenig länger auf dieser Erde ließ und mich zum Arbeiten und Steuerzahlen zwang. Kann ja auch sein. Ganz schön launisch Euer Gott. Nun, ich möchte mich nicht beschweren. Es gibt keinen Gott, der das Schicksal jedes Einzelnen bestimmt. Wir sind aus der Evolution heraus geboren und haben uns ständig weiterentwickelt. Wir senden Bilder digital um die ganze Welt.

Sie landen von einem kleinen dünnen Handy in einem anderen kleinen Handy oder auf unserem Bildschirm des PC's. Mittlerweile ist man soweit, dass man jeden angefangenen Buchstaben, den ich gerade schreibe, nachvollziehen könnte, obwohl ich ihn vor dem Speichern löschte. Man sagt auch, dass wir die Gehirnströmungen soweit messen können, dass wir irgendwann in der Lage sind, die Gedanken des Anderen lesen könnten, ohne dass er sie ausspricht. Warum soll ich also nicht an Zeichen glauben und an ein Wiedersehen mit all meinen Lieben. Woran ich gerne glauben will, ist dass unsere Gefühle wie Neid, Hass, Zwietracht, Eifersucht nach dem Tod nicht mehr existieren. Einer der Gründe, warum ich mich mit einem launischen Gott nicht befassen will und nicht in meine Gedankenwelt lasse. Das Universum ist in uns und wir müssen es nur zulassen. Nicht die 42.000 km Erdumfang. Es geht weiter hinaus und der Gedanke, nicht mehr in einer Welt leben zu müssen, in der es Tausende von Kriege gibt, die meistens wegen Gott geführt werden, lässt mich lächeln und es wird mir warm. Während ich schreibe, spüre ich meine Oma (die Mutter meiner Mutter), wie sie lächelt und stolz auf mich ist. Sie ist immer bei mir. In Gedanken, im Herzen, in meiner Seele und ich weiß nicht mal, wo ihr Grab ist. Ist auch nicht wichtig.

Sie ist ja da. Und ich habe feuchte Augen vor Freude. Wiedersehensvorfreude nenne ich dieses Gefühl.

Jetzt muss ich tatsächlich eine Pause machen, da die Geschichte von Carina auf sich warten lässt. Mir geht der Stoff aus und ich mag nichts erfinden. Gehe jetzt mal in die Küche. Kochen entspannt und ich koche gerne. Es ist wie meditieren. Außerdem denke ich beim Schnitzel panieren und Bratkartoffeln vorbereiten selbstverständlich an meine Oma. Ich schaute ihr gerne beim Kochen zu und bedauere es, dass auch Gefühle wie Hunger im Jenseits nicht mehr existieren. So denke ich zumindest. Wer weiß das schon? Was wissen wir überhaupt? Nun bin zumindest nicht mehr in diesem Stadium, in dem man sich krampfhaft an Glauben und Hoffnungen klammert. Nein, es ist für mich eine Leichtigkeit geworden. Zu glauben, dass es eben nicht aus ist und wir uns auf eine wunderbare Reise freuen dürfen. Bei meinen Trauerreden ermuntere ich die Menschen immer, ihre Augen während des gewünschten Musikstückes zu schließen. Sie sollen und dürfen während der Fahrt im imaginären Bus in Gedanken die Landschaft links und rechts bewundern. Die Landschaft, die sie sich aussuchen. Gebirge, Seen, Flüsse, Wiesen, Wälder in allen Farben, die man sich in diesem Augenblick nur vorstellen kann. Im Bus ist es warm. So warm, dass man die Kälte, die in jeder Friedhofsaussegnugshalle herrscht, nicht spürt und diese vergessen lässt. Zumindest für den Augenblick. Ich schließe dann selbst immer die Augen und bin wie in Trance. Ich fahre nicht nur, ich fliege dann. Wie ein Adler. Die Flügel weit ausgespannt. Mächtig mit Weitblick und erhaben. Ein Gefühl, welches so unbeschreiblich schön ist, dass alle Sorgenfalten und Mienen verschwinden. Ich habe dann immer die Hände gefaltet, bete aber nicht. Zu wem auch? Ich führe in Gedanken Selbstgespräche und spüre die Wärme, nehme die Thermik auf und lasse mich treiben. Ich bin dann ganz bei dem, der vorging und am heutigen Tag verabschiedet wird. Meine Sorgen sind weg und Angst vor dem Tod hatte ich ja eh nie. Es ist alles so leicht. Fühlt sich leicht an und schwerelos. Verstehe mich nicht falsch. Bei meinen Trauerreden bete ich auch. Freies Gebet. Ich rede dann im Konjunktiv mit „Du weißt schon wem“ Ich bitte ihn dann nur, dass er all die lieben Menschen wieder dort hin bringt, wo sie hinwollen und dass sie noch lange gesund bleiben dürfen. Diese Gebete sind keineswegs geheuchelt. Ich bitte für Menschen, dass sie gut und gesund zu ihrem Zielort kommen. Zu wem ich da meine Bitten spreche, weiß ich nicht. Während ich schreibe und auf Carinas Nachricht warte, fällt mir ein, dass ich gestern auf einen Beitrag in Facebook etliche likes bekam. Eine innere Stimme sagte mir, ich solle den Text so nicht absenden und zweimal stürzte sogar das System ab und alles war futsch. Dann begannen meine Finger zu schreiben und ich ließ mich leiten. Herauskam, dass sich sogar ein Redakteur bei mir meldete und mich fragte, ob er diesen Artikel veröffentlichen dürfe. Dieser Beitrag wurde auf Grund der irrsinnigen Coronamaßnahmen verfasst und ich möchte ihn Dir nicht vorenthalten. So kann ich dann kochen gehen, Du liest und bis dahin meldet sich sicher auch Carina.

Facebook ist ja auch so ein Kapitel für sich

Beitrag Eric Damster vom 27.November 2021

Die Welt war mit Impfungen noch in Ordnung, bevor es Facebook gab.

Irgendwie versteht es doch keiner mehr und irgendwie ich auch nicht. Nun haben sie es endlich geschafft, dass wir uns gegenseitig zerfleischen. Das, was Regierende auf dieser Erde befohlen haben, kommt nicht von Fachärzten, sondern aus einem Machtgehabe sondergleichen. Es geht nun also tatsächlich so weit, dass Menschen, die geimpft sind auf Ungeimpfte losgehen, ihnen die Schuld an den steigenden Zahlen geben, immer verbitterter werden und noch angstvoller durchs Leben gehen. Die Anfeindungen, die hier zu lesen sind, haben mit einem „sozialen“ Netzwerk nichts mehr zu tun und es stellt sich die Frage, ob wir, incl. meiner Person wirklich noch alle Tassen im Schrank haben. Ihr glaubt also tatsächlich diesen Zahlen oder macht sich hier wirklich jemand schlau? Ich arbeite beim Bestatter, bekomme die Todesfälle mit und JA (!), wir haben seit Beginn dieses Irrsinns, der auch nicht enden wird (enttäuscht?) Todesfälle von Menschen, die an Covid starben. (Na sowas). Teilweise auch Menschen im Alter von 60 Jahren oder auch jünger. Durchschnittsalter jedoch 82,5 Jahre. Ohja, wir wissen um den Verlauf und wir wissen um die Qualen, wenn es jemanden erwischt hat. Noch mehr wissen wir aber auch um die Aussagen von ausgebildeten Medizinern (die nichts mit Politik am Hut haben), dass es eben so ist, wie bei einer Grippe. Man kann viele Menschen retten, jedoch nicht alle. Und schon gar nicht mit diesen irrsinnigen Maßnahmen. Die 100.000 Menschen, die seit Beginn dieses Szenarios mit (mit!!! Nicht an!!! Beim Nachrichten einschalten immer gut zuhören) Covid starben, nahmen sich das Leben, wurden ermordet, totgeprügelt oder starben lebensmüde vereinsamt! Und der Irrsinn geht weiter. Geboostert, vollgestopft mit Impfkram (ja, einmal Johnson & Johnson habe ich auch intus, war lecker) muss man sich doch noch einem Test unterziehen, möchte man die Mutter im Pflegeheim besuchen, möchte man sein Kind in die Klinik begleiten, wenn es zum Beispiel den

Arm gebrochen hat und wird wieder weggeschickt, um sich testen zu lassen. Das verängstigte Kind wird dann allein in einer Klinik gelassen, während die Mutter sich irgendwo in einer 200 Meter langen Schlange 4 Stunden lang anstellt. Und deswegen feinden wir uns alle an. Wir erstarren vor Angst vor dem Tod, ziehen uns Medien rein, jeden Tag neue Zahlen, um noch verängstigter in den Tag zu gehen. Ja, ich arbeite beim Bestatter, Verwandte von mir im Lebensmittelladen. Bekannte von mir in der Pflege. Keiner von uns wird gefragt, ob wir einen Test haben, geimpft sind oder genesen. Im Grunde hat doch jeder Angst um sein eigenes kurzes Leben. Obwohl viele behaupten, sie tragen Maske und lassen sich impfen, damit sie ihren Nächsten schützen. So viel Nächstenliebe gab es vor Corona nicht. Hahaha...Beißt sich aber ein wenig oder? Diese Hasstiraden im social media gepaart mit Nächstenliebe. Ziemlich unglaubwürdig. Ich habe es vorausgesagt. Selbstmorde, Arbeitslosigkeit, Insolvenzen, Pleitegänge, Inflation, Rezession. Ich hatte die Chance zwischendurch 2 x vor 40 Leuten zu spielen. In einem Saal, in dem normalerweise 160 Leute reinpassen. Es wurden 40 Stühle aufgestellt. Somit galt es als ausverkauft. Genauso ist es mit den Stationen. Einfach ein paar schließen und schon ist der Rest überbelegt. Hört sich doch gut und schrecklich an, oder? Es tut mir leid, aber es wird nicht mehr aufhören. Der Karren ist zu weit drinnen und die Lager zu sehr gespalten. Stellt Euch doch mal vor, die Regierungen dieser Welt würde heute grünes Licht geben, alles wieder öffnen.... Es gäbe schon viel zu viele Proteste der ganzen Maßnahmenbefürworter, die nur noch vor Angst erstarren. Ich wünsche Euch Allen, ob geimpft oder nicht, klare Gedanken, eine friedliche Vorweihnachtszeit und gute und loyale Menschen an Eurer Seite. Ich für meinen Teil verstehe es nicht mehr. Noch mehr meiner Bekannten gehen drauf. Nicht AN Corona aber MIT!!! Im Übrigen sind diese Zeilen nicht im Zorn geschrieben, sondern wirklich mild. Sollte jemand meinen, mich deswegen anfeinden zu müssen, gibt es mir einmal mehr Recht. Faire Diskussionen finden im Wirtshaus statt.

In diesem Moment kommen Carinas Sprachnachrichten, aber ich muss jetzt wirklich mal in die Küche. Zumindest bekomme ich ein Zeichen meines Herdes, der mir mitteilt, dass die Kartoffeln gerade überkochen. Zeichen, wohin man nur schaut :-)

Seit meinem Küchengang sind 17 Stunden vergangen. Meine Tochter braucht Hilfe, meine Frau kommt heim, wir bekommen Besuch und irgendwann finden wir uns auf der Couch mit einem Glas Weißwein wieder. Heute früh um 4 Uhr werde ich wach, gehe zum PC und finde 8 Nachrichten von lieben Menschen, die alle Erlebnisse mit dem Jenseits hatten. Da meine Frau jetzt noch schläft, höre ich Carinas Sprachnachrichten später an und berichte Dir von Mary Lou, einer lieben Gastronomin, die auch unter den irrsinnigen Coronamaßnahmen leidet und ihre gastronomische Einrichtung schließen musste. Auch so ein Zeichen. Nicht aus dem Jenseits, aber eines, dass diese machtbesessene Regierung keine Leben schützt, sondern Menschen in den Ruin treibt. Mary Lou, die korrekt Marie Luise heißt, berichtet mir von einem Bekannten, der ein Buch über die Arbeitsstelle ihres Papas schreiben wollte. Dazu bräuchte er auch Fotos. Mary Lou besitzt zu dieser Zeit mehrere volle Kartons, in denen früher Bananen transportiert wurden. Die Fotos in diesen Kartons wurden damals von ihrem Papa weder datiert, noch beschriftet. Als sie das Zimmer ihres Vaters betritt, bittet sie ihn, er solle ihr suchen helfen. Dazu sei erwähnt, dass ihr Papa zu diesem Zeitpunkt 10 Jahre nicht mehr physiologisch unter uns weilt. Er ging vor. Hier bräuchte ich fast einen Trommelwirbel oder Musik im Hintergrund, die Spannung erzeugt. Wie erwähnt, sind es mehrere Kartons mit vielen Fotos. Nicht datiert, nicht beschriftet. Wahllos öffnet Mary Lou den 1. Karton, greift hinein und hält ein Kuvert mit **datierten** und **beschrifteten** Fotos in der Hand. Zufall? Oder gibt es sie doch? Diese schreibenden Hände, die uns schnell mal helfen, wenn es eilt. Kennt man Eile im Jenseits? Nein, aber man weiß um die Bedeutung der Eile auf dieser verrückten Erde. Auf jeden Fall werden all diese Fotos nachher von ihrem Bekannten in dessen Buch verwendet.

Und Mary Lou setzt noch eine Geschichte drauf. Dazu sei erwähnt, dass mich diese faszinierte, da sie zum einen einmal mehr Hoffnung für Dich gibt und zum anderen bin ich ein Messerfan. Sollte es also ein Kapitel geben, würde ich es „das fallende Messer“ nennen. Der Onkel ihres Mannes Reinhold wünschte sich von Reinholds Vater ein Messer, bekam es und hängte es bei sich daheim auf. Am Morgen, als Reinholds Vater starb, löste sich die Schraube mit der das Messer befestigt war und fiel zu Boden. Die beiden Familien wohnten 2 Stunden Fahrzeit auseinander. Wie würdest Du diese Begebenheit deuten? Zufall? Hatte hier jemand eine Schraube locker oder zumindest nicht fest genug gedreht oder machte der Vater von Reinhold auf sich aufmerksam? Liebevoll, sanft und doch wirksam, damit der Mensch zu glauben anfängt? Mich erinnert diese Episode an den Augenblick, als ich mit meiner ersten Tochter 1995 im Bett herumalbere, sie kitzle und necke bis sie auf einmal, ja fast entrüstet, jedoch unter lautem Lachen „Papa“ ausruft. Ihr erstes Wort.

Ich bekomme feuchte Augen vor Freude. Kurios ist nicht ihr Ausruf und dass ihr erstes ausgesprochene Wort „Papa“ lautet, sondern dass genau in dieser Stunde ihr Urgroßvater stirbt. Leben beginnt, Leben endet und manchmal sind es die kleinen Zeichen, die wir bemerken sollen und dürfen.

Nun aber zu Carina. Ich höre gerade ihre Nachrichten. Carina bekommt am 5. August 2020 so starkes Herzrasen, dass sie ins Krankenhaus muss. Nach gründlichen Untersuchungen kann man nichts finden und seither war auch nie mehr was. Sie erfuhr 2 Tage später, dass ihr Papa parallel am gleichen Tag ins Krankenhaus eingeliefert wurde. Es sah nicht gut aus. Gut eine Woche später verlässt er diese Erde. Carina ist traurig und trauert selbstverständlich um ihn. Nachdem sie sich im Krankenhaus nochmal persönlich von ihrem Dad verabschiedet, legt sie sich spätabends sogar in ***sein*** Bett und lässt die Nachttischlampe an. Während sie mit ihrem Vater spricht, fängt die Lampe an zu flackern. Erst leicht, dann heftiger. Als sie aufhört zu reden, scheint auch das Licht dieser Lampe wieder kontinuierlich und normal. Seither flackerte sie auch nicht mehr, wenn Carina mit ihrem Vater redete und dort schlief, wenn sie ihre Mutter besuchte. Carina kann nach und nach mit ihrem Vater abschließen, die Trauer wird weniger. Das Vermissen lässt nach, wenn man loslassen kann.

Sie lernte kurze Zeit später ihren Freund kennen, der im gleichen Jahr seinen Papa gehen lassen musste. So erzählt er ihr bei einem ihrer ersten Dates. Als Carina mit ihm das Grab ihres Vaters besucht, um ihn vorzustellen, fallen in diesem Augenblick drei Blätter seicht und sanft vor Ihre Füße. Das „Okay" aus dem Jenseits? Jedenfalls hat Carinas große Liebe das gleiche Sternzeichen wie ihr Papa und der verstorbene Vater ihres Freundes das gleiche Sternzeichen wie Carina. Seelen kommen zusammen. Kinder werden von liebenden Eltern aus dem Jenseits liebevoll geführt und ich kann Dir, liebe Carina und Deinem Lebensgefährten auch nur alles Glück dieser Erde wünschen und dass Eure Beziehung lange hält. Du weißt ja, ich halte auch Reden für verliebte Hochzeitspaare...:-) Diese Rede wird im Jenseits stattfinden. Carinas Lebensgefährte verstarb kurz vor der Herausgabe dieses Buches, gerade mal 2 Jahre älter als ich.

Passt auf Euch auf

Die nächste Begebenheit kommt von Silvia, einer lieben Bekannten, die ich lediglich aus Facebook kenne. Ich bin schon sehr gespannt, was sie mir erzählt, bevor ich mich dann mit Vanessa treffe. Vanessa macht Rückführungen, stellt Kontakte aus dem Jenseits her und ist schon lange unterwegs mit Themen die nicht aus dieser irdischen Welt stammen. Medium* Spiritual Coach* Teacher findest Du auf ihrer Seite www.vanessa-spaleck.de Ich freue mich schon sehr auf dieses Gespräch, welches schon lange geplant war und noch nicht stattfinden konnte. Ich sehe es so, dass ich evtl. noch nicht reif dafür war. Zu tief saß auch dieser Grundsatz der Kirche, dass man mit Toten keinen Kontakt aufnehmen darf. Jedoch bin ich mittlerweile der Überzeugung, was von Menschen festgelegt und diktiert wird, muss manchmal überhört und übergangen werden. Gerade die katholische Kirche verbietet den Zugang zu Toten und betitelt es - *und das ist gar nicht lange her* -, als Hexerei. Die letzte „Hexe" wurde am 11. April 1775 in Kempten verbrannt. 246 Jahre vor Entstehung dieses Buches. Die Verbrannte, der Verbrenner und der Veranlasser dieses Verbrennens befinden sich heute gemeinsam im Jenseits und schmunzeln über die naive Dummheit, die auf der Welt begangen wurde und in anderen Dimensionen weiterhin stattfindet. Oder wie der Tätowierer meines Vertrauens meinte, während wir bei meinem letzten Tattoo 3 Stunden lang herrlich philosophierten: "Auch ein bayrischer Ministerpräsident darf mal seine 5 Minuten in dieser unglaublichen Weite des Universums haben." Ich für meinen Teil denke ja, es sind weniger als 5 Minuten, umgerechnet und kumuliert auf die Unendlichkeit der Zeit, welche uns im Jenseits erwartet. Dieses ewige, unendliche ist auch manchmal der Grund, warum manch lieber Mensch sich nicht meldet. Nicht sofort. Mein Vater zum Beispiel wird heute noch von einer Station zur nächsten gleiten. Atemlos, sprachlos und glücklich über so viel unbeschreiblich Schönem. Er schickt mir dann eben meine Frau, die manchmal durch ihn spricht und mir wertvolle Tipps für meinen Seelenfrieden, der schon hier beginnt, gibt. Als Entschädigung oder nennen wir es humorvoll Vergütung, lässt er sie auch manchmal sanft und leise schnarchen. Nicht, dass ich ihn vergesse! Danke Dad, aber so ein kleiner irdischer Wunsch wächst damit in mir. Ich würde nämlich gerne mal wieder 8 Stunden durchschlafen. Nur weil Du Bäcker warst, muss ich ja nicht auch um 4 Uhr aufstehen. Aber auch Gebete, das Schnarchen abzustellen werden nicht helfen. Das ist genau, wie wenn der Papst in der Wüste mit seinem Papamobil stehen bleibt, weil der Sprit ausgegangen ist oder kein Akku mehr auf dem E-Auto vorhanden. Da kann der „heilige Vater“ sich 'nen Wolf beten und es wird keiner vorbeikommen und ihm sein Auto wieder volltanken.

Während ich schreibe, muss ich Dir mitteilen, dass Wochen vergangen sind seit der letzten Zeile über meinen Vater. Das Bestatterdasein lässt es im Winter nicht zu, ein Buch weiter zu schreiben. Ich bin abends kaputt und müde. Viele Tote, viel Trauer und hoffnungslose Menschen, Angehörige, die ich begleiten darf, ihnen Trost spende. Einige sind jedoch einfach verbittert über das Leben und dass es endet. Dann tun Sprachnachrichten gut, wie zum Beispiel von Silvia, die ich nie persönlich kennenlernen durfte, aber sie hört sich hoffnungsvoll an und so möchte ich Dir ihre Geschichte weitergeben. Silvia erzählt mir von ihrem Schwiegervater, der am 3. Juni 2010 verstarb. Er mochte nicht ins Krankenhaus gehen und schlief zu Hause ein, wo er auch geboren wurde. Es war sein unausgesprochener Wille. Er wollte da die Erde verlassen, wo er sie auch betrat. Der Arzt im Klinikum sagte zu Silvia und ihren Mann, dass es Dinge zwischen Himmel und Erde gibt, die wir nicht ergründen, bzw. erahnen können. Silvias Schwiegervater wurde zu Hause vom Krankentransport in die Küche gefahren und sein Atem wurde immer ruhiger und er konnte dort einschlafen. Dann fuhr man ihn zum Ostfriedhof in Ingolstadt. Er war ein Mensch, der gerne fröstelte und es lieber warm mochte. Silvia fuhr mit ihrer damals 5-jährigen Tochter nach Hause, wollte den Ofen anschüren, da es ungewöhnlich kühl für einen Junitag war und dann ihrem Mann etwas zu Essen kochen. Der Ofen ließ sich nicht anzünden und Silvia spürte eine Hand, die ihren Arm festhielt. Sie sagte im bayerischen Dialekt zu ihrem Schwiegervater, dessen Anwesenheit sie sehr stark spürte:" Gib a Ruah'. I muss an Ofen oschürn und Deim Sohn was zu Essn macha. Du woaßt doch, dass er grantig wird, wenn er hoam kimmt und nix zum Essn hod." Im gleichen Moment sprang der Ofen an und es wurde wohlig warm. Silvie traute sich nicht, diese Begegnung weiter zu erzählen. Man könne sie ja für bekloppt halten. Verständlich. Als sie dann am nächsten Tag ihrem Mann sagte, was geschehen war, rief man gleich beim Friedhofschef an, der bestätigte, dass solche Vorkommnisse nichts Ungewöhnliches waren und der Papa von Silvias Mann wurde aus dem Kühlraum in die Leichenhalle gebracht. Von da ab wurde es zwar ruhiger, aber auch nach der Beerdigung meldete der Verstorbene sich immer wieder mal. Unruhig und immer wieder bei Silvia, die sich öffnete und es zuließ. Es gab eine familiäre Angelegenheit, die noch nicht geklärt war, die ich aber auch hier nicht näher erläutern darf. Auf alle Fälle war es notwendig, dass ein sehr naher Verwandter dem Verstorbenen verzeihen konnte. Als dies geklärt war, konnte ihr Schwiegervater endlich ins Licht gehen. Seitdem ist Ruhe. ***Ruhe in Frieden*** gibt so eine ganz neue Bedeutung. Ruhe in Frieden. Wir tun uns schwer in Frieden zu leben, aber wünschen den Menschen immer wieder, dass sie in Frieden ruhen mögen. Manchmal finde ich das ein wenig heuchlerisch. Fast so, wie wenn Politiker sterben und dann von denen gewürdigt werden, die ihnen Jahrelang verbal ins Gesicht schlugen.

Sandra! Die Sandra aus Köln sendet mir eine weitere Geschichte aus dem Jenseits und ich bekomme wieder mal positive Gänsehaut. Ihr Papa verstirbt am 21.11.2021 während ich dieses Buch schreibe. Plötzlich. Einfach so! In seiner Wohnung am Herzinfarkt. Sandra geht davon aus, dass er die ganzen Wiederbelebungsversuche nicht mehr mitbekommt. Sandra steht mit ihren vielen Geschwistern am aufgebahrten Papa. Papa liegt nicht nur da. Nein, er steht neben Sandra, rechts neben ihr und sie spürt ihn an ihrem Arm. Sandra spürt die Toten, die vor uns gingen. Sie ist eine rheinische Frohnatur voller Empathie. Ihr Papa sieht gut aus, als er verabschiedet wird. Seinen Lieblingsanzug hat er an. Einfach schnieke. Auch am Grab steht er neben ihr. Fast so, als wenn er sich selber verabschieden möchte. Von sich selbst. Es gibt Menschen mit einem bestimmten Humor, wenn es um das Sterben geht. Das sind die, die hoffen, dass wir uns wiedersehen. Und ich freue mich jetzt schon auf Sandras Papa. Der steht dann da an der Endstation im schicken Anzug und nimmt uns strahlend in Empfang. Und alles wird leicht sein. Schwerelos. Ohne Sorgen und Kummer. Einfach wieder vereint. Bis dahin haben wir hier noch was zu tun. Sandra auf ihre Art und Weise und ich weiß, dass sie es gut macht. Sie ist selbstlos für ihre Mitmenschen da, die es ihr danken und ich habe anscheinend auch noch eine Aufgabe. Ich sollte Redner ausbilden. Man beteuert es mir immer wieder. Ich gebe den Menschen Hoffnung, Liebe und Geduld, manchen Mist hier noch zu ertragen und sich auf ein Wiedersehen zu freuen. Es ist der letzte Tag im Januar 2022. Heute finde ich Zeit und Muse, an diesem Buch weiterzuschreiben. Viele Umstände ließen es nicht zu, es fortzusetzen. Viele Todesfälle, viel Trauer und auch viele Trauereden, die zu schreiben sind. Es ist die geistige Physis, die mich aussetzen lässt. Der Besuch bei dem lieben Medium musste auch wieder verschoben werden. Einmal mehr wegen einer Trauerrede. Diese komische Pandemie ist dieses Mal nicht schuld. Viele Gespräche sind seitdem geführt worden und das Buch findet wohl Ende April 2022 sein Ende. Viele Tränen sind seither geflossen, viele Reden, die manchen Menschen Hoffnung und Trost geben. Die Frau eines herzensguten Arztes, der nicht mal mit Mitte 60 vorgeht. Er sendet ihr Zeichen im Wohnzimmer, lässt sich sehen. Ich warte auf die Nachricht, dass sich der Fernseher abends pünktlich um 20 Uhr abschaltet. Das hat den Hintergrund, dass ich Trauergäste immer wieder höflich auffordere, abends am gleichen Tag der Trauerfeier einfach mal den Fernseher auszulassen, da wir den Medien eh nicht mehr glauben können und wir nur noch verblödet werden. Ich ermuntere die Menschen abends mal zusammen ein Spiel zu spielen und ein Glas auf den/die Verstorbenen zu genießen. Irgendwann werde ich diese Nachricht erhalten: “Hallo lieber Herr Damster. Heute Abend schalteten wir den Fernseher ein. Pünktlich um 20 Uhr zu den Nachrichten ging er von alleine wieder aus. Wir sehen dies als ein Zeichen an.“ Apropos Zeichen. Heute machte ich tatsächlich bei Facebook mal so einen Test mit. Die Frage war, wer wohl immer bei mir ist und ich dachte mir:“ Da kommt sicher als Antwort meine Frau heraus.“ Aber sieh selbst. Ich habe jetzt noch Gänsehaut!

"Eric, Dein Vater ist immer an Deiner Seite.

Er sendet Dir Zeichen und lässt Dich auf Deinem Weg nicht alleine.

Er glaubt an Dich und stärkt Dir den Rücken."

Nein, mein Vater machte nicht alles richtig in seinem Leben. Wer macht das schon? Bevor ich Dir nun also erzähle, wie ich mich fühlte, als ich bei Vanessa, dem Medium war, solltest Du wissen, dass sich zwischenzeitlich ein junger, noch minderjähriger Mann mit einem Zug anlegte und Suizid beging. Abschied, Schmerz, Wut, Trauer der Eltern, seiner

Schwester und der Großeltern. Selbstvorwürfe. Ich bin bei ihnen, werde auch die Trauerrede halten. Dieser Vorfall blockierte mich und gibt mir doch wieder einmal mehr die Bestätigung, dass ich meine Berufung lebe. Ich bin bei den Angehörigen, weine mit ihnen und gebe ihnen Mut. Ich berühre sie. Ich entwerfe also das Sterbebild und setze Geburtsdatum und Sterbedatum untereinander. Währenddessen verfluche ich den Notarzt, der die Todesbescheinigung ausstellte. Das Datum der Rechnung ist nicht korrekt. Könnte man dem Datum Glauben schenken, wäre die Rechnung einen Monat vor dem Tod geschrieben worden. Das Geburtsdatum stimmt auch nicht. Er kam nicht im Dezember, sondern im November zur Welt. Dann der Hammer! In Klammern steht dort zu lesen: „Der Rechnungsbetrag ist sofort fällig." Wie pietät- und gedankenlos. Wenn sich meine Wut gelegt hat, werde ich diesen Arzt mal anrufen und ihn fragen, ob er noch alle Gurken im Glas hat. Während ich mich also erneut aufrege, ruft mich der Papa des Jungen an: „Herr Damster, das Sterbedatum auf dem Sterbebild ist falsch." Ich könnte mir in den Hintern beißen. Eben verfluche ich noch den Arzt, jetzt mache ich einen ähnlichen Fehler. „Herr Damster, das ist nicht das Sterbedatum meines Sohnes, das ist der Geburtstag meiner Frau", also der Mutter des Jungen. Wir stutzen beide. Der Geburtstag der Mutter ähnelt nicht im Geringsten dem Datum des Sterbetages und ich habe auf der Sterbefallanzeige auch keine Daten der Mutter. Ich spüre an der Stimmlage des Vaters und dem Schluchzen der Mutter im Hintergrund, dass sie nicht verärgert sind. Wir sehen es als Zeichen an. Der Junge ist schon angekommen und lässt mich den Geburtstag seiner Mutter schreiben, um ihr zu zeigen, dass er da ist. War meine Gedankenlosigkeit Zufall? Die Chancen, den Geburtstag der Mama zu schreiben, standen immerhin 1:365! Ich denke, ich bekam mal wieder ein Zeichen mehr und es bestätigt meinen Glauben. Ob Du es glaubst oder nicht.

Nun aber zu Vanessa. Der Besuch bei Vanessa ist am frühen Abend. Vorher hielt ich noch eine Trauerrede auf dem Friedhof Ingolstadt-Ost. Ein schöner und heller, freundlich angelegter Friedhof, der wie fast 99 % aller Friedhöfe im Winter, entschuldige den Ausdruck, saukalte Aussegnungshallen vorweist. Von den Toiletten der meisten Friedhöfe möchte ich gar nicht schreiben. Für die hässlichsten Skulpturen und für die korruptesten Politiker zahlen wir Steuergelder, aber für einen würdevollen Abschied ist kein Geld zum Heizen und genauso wenig Mittel für das sauber halten der Toiletten da. Mittlerweile habe ich 2 Garnituren von Thermounterwäsche. In schwarz versteht sich und bei einigen Friedhöfen weiß ich schon im Vorfeld, dass ich, wenn ich „müsste", lieber noch vorher am nächsten Waldweg anhalte. Vor der Trauerrede lernte ich morgens die Eltern des vorher beschriebenen Jungen kennen und bekam deren Vertrauen. Um 16 Uhr bin ich bei Vanessa. Herzliche Umarmung. Freundliches Lachen und Freude beiderseits, dass es nun endlich geklappt hat. Ich bin entspannt, trage noch den schwarzen Anzug und meinen schwarzen Rollkragenpullover und mache es mir bequem. Wir plaudern und es ist so schön, dass wir mal mit keiner Silbe Covid-19 erwähnen. Auch keine Frage, ob ich geimpft bin. Diese Frage finde ich gerade in Freundeskreisen unmöglich. „Bist Du geimpft?" Kein: „Wie geht es Dir?" „Wie hast Du die letzten Monate herumgebracht?" „Konntest Du Deinen Job behalten?" Vanessa fragt mich, wie mein Tag bisher verlief und bietet mir Wasser und Säfte an. Ich entscheide mich für Wasser, wie immer, wenn es keinen Wein gibt. Im Laufe des Gesprächs fragt sie mich auch, ob ich ängstlich oder aufgeregt bin. Das sind wohl die meisten Menschen, die zu ihr kommen, bzw. das erste Mal Kontakt mit dem Jenseits aufnehmen möchten. Ich verneine. Ich bin einfach neugierig was passiert, unerschrocken und zugegeben kommt auch nach einem Suizid und einer Trauerrede am gleichen Tag, eine Art Müdigkeit, die fast an Erschöpfung grenzt, hinzu. Ich bin froh, dass ich sitzen bleiben darf und mich nicht auf eine Couch legen muss. Wahrscheinlich wäre ich eingeschlafen. Vanessa fragt mich nicht, wen ich, bzw. wen sie für mich kontaktieren soll, auch nicht, wen ich dabei prädestiniere. Wir sitzen im 2 Meter Abstand gegenüber und sie erklärt mir, dass rechts von mir, also links von ihr, Personen väterlicherseits seien und links von mir, also rechts von ihr aus, mütterlicherseits. Diese Sitzung, die ich von mir aus mit einem freundlichen Fazit beende, dauert ca. 45 Minuten. Ich bin klar, nüchtern, analysiere und bestätige Vanessas Angaben. Mein Großvater väterlicherseits, meine Oma mütterlicherseits und mein Vater wurden kontaktiert. In dieser Reihenfolge. Halte Dich fest. Exakt in dieser Reihenfolge wollte ich diese Personen kontaktieren und fast alle Angaben waren stimmig. Ich bin so froh und dankbar, dass wir diese Sitzung nicht online machten, sondern wirklich real. Kein Tischrücken, keine Stühle die sich verschieben und keine Bilder, die auf einmal von der Wand fallen. Natürlich könnte ich als langjähriger Verkäufer die Art der Fragestellung so deuten, dass sie in die Richtung gelenkt wurden, in die sie mich haben wollte. Doch dafür war vieles zu übereinstimmend und wenn man an so etwas nicht glaubt, sollte man den bisherigen Verlauf des Buches auch am besten wieder aus dem

Gedächtnis löschen. - Man sollte dann auch ein solches Buch nicht schreiben - Die Zeichen werden mehr. Im engsten Kreis oder auch bei Angehörigen. Das Karma hat auch etwas mit Zeichen zu tun. Ich z.B. bekomme immer mehr von meinem Dad. Hätte ich ihn mal nicht verurteilt und gesagt, dass mir dieses und jenes so nicht oder gar nie passieren könne.

Heute ist der 24.2.2022. Ich halte eine Trauerrede auf einem kleinen Friedhof in Mittelbayern. Der Mann, der in der Urne in eine Urnennischenwand beigesetzt wird, ist gerade mal 2 Jahre älter als ich. Ich spiele über mein Tablet „hells bells", „no women no cry", „dont stop believin" und „knockin on heavens door". Bei den zwei letztgenannten gibt es einen kurzen Stopp oder Stolperer und exakt bei 2:24 min!!! 2:24!!! Der 24.2.! Tag des Kennenlernens. Tag der Beisetzung. Ihr Tag. Es fühlt sich an, als wollte er sagen: „Ich mag noch nicht, aber...ich wage den Schritt und Ihr kommt nach." Wir haben Gänsehaut.

Gänsehaut, wie bei dem Jungen, dessen Vornamen so lautet wie eines der Modelle eines Autoherstellers. Es verfolgt mich seit der Trauerrede für ihn. Nein, es verfolgt mich nicht, es fährt vor mir her. Ich habe ein entspanntes Mittagessen nach der Beisetzung. Entgegen meiner Prinzipien gehe ich nach der Trauerfeier mit zum Essen in ein Lokal, welches ich schon länger kenne. Ich weiß, dass sie gut kochen und freue mich, dass die Eltern, Schwester und Großeltern des verstorbenen Jungen es auch genießen und begrüßen, dass ich heute mitkomme. Man spürt die Einheit einer Patchworkfamilie. Wir sitzen zusammen, lassen einen Stuhl frei für IHN. Eine Kerze brennt an seinem Platz. Wir plaudern angenehm und ich spüre, dieser Moment ist ein weiterer Schritt um mit der Trauer abzuschließen. Verzeihung, sie zu mildern. Trauer schließen wir nicht ab. Sie bleibt solange, bis alles geklärt ist. Bis wir uns wiedersehen. Das Vermissen, die Sehnsucht nach den Liebsten, die vorgingen. Nach der guten Mahlzeit und einigen Gesprächen verabschiede ich mich zuerst. Direkt an der Einfahrt zur Bundesstraße steht also dieses Auto vor mir, dessen Name der gleiche des Jungen ist. Da ich den Eltern versprach, keine Namen zu nennen, kannst Du Dir ja nun sämtliche Autotypen googlen, die einen männlichen Vornamen haben. Ich fand schon 5, aber bin sicher, es gibt mehr. Nun fährt dieser also vor mir auf die Autobahn und ich verliere ihn aus den Augen. An der Ausfahrt direkt vor mir an der Ampel steht er wieder. Ich habe Zeit, mir das Kennzeichen anzusehen und merke es mir. Als ich es dem Vater schicke, kann er für den Augenblick nichts damit anfangen. Jedoch später kommt seine Sprachnachricht, die mir wieder

Schaudern bereitet. Ein angenehmes Schaudern. 2 der Buchstaben stehen für Horse Power, also Pferdestärken. Die restlichen 3 für ein Auto, welches der Junge liebte und immer wieder betonte. Dieses Auto hat die gleiche Pferdestärke wie die Ziffern auf dem Kennzeichen des Wagens, welcher seinen Namen trägt: 648!!! Er ist bei uns. In unseren Herzen, in unseren Köpfen, in unseren Seelen. Er sendet uns Zeichen. Wacht auf. Schaut auf sie und beachtet sie. Seine Schwester berichtet auch per Sprachnachricht. Ihre Stimme ist ruhig und besonnen. Ich selber höre entspannt zu. Mein Glaube schenkt mir diese Entspannung. Diese Gelassenheit mit der Gewissheit, dass das, was sie mir erzählt, kein Zufall sein kann. Und unglaublich, jetzt bekommt das imaginäre Kapitel sogar mal einen Namen:

Die kleine Muschel aus Amsterdam

Sie hatten viel Spaß vor eineinhalb Jahren am Strand von Amsterdam beim Muscheln sammeln. Eine dieser Muscheln legte sie ihrem Bruder ins Urnengrab. Einfach zum Abschied und mit auf die Reise. Nachmittags, nach der Beisetzung, um sich abzulenken, wollte sie noch mit ihrem Freund ins Fitnessstudio um sich auszupowern und ihre Mutter fragte sie, ob sie bitte noch etwas aus einem Drogeriemarkt besorgen könne. Natürlich gab es keine Frage. Die Familie hält zusammen, stützt sich und die

Besorgung wurde erledigt. Ihren Geldbeutel legte sie in das Fach der Seitentür. Am Parkplatz des Studios holte sie ihn wieder hervor und es kam gleichzeitig eine Folie für Covidmasken zum Vorschein und fiel auf die Straße. Als sie diese wieder aufhob und sie zurück ins Fach legen wollte, kam ihr eine kleine Muschel zum Vorschein. Weder die große Muschel, die sie ihrem Bruder ins Grab legte, noch der Geldbeutel hatten Kontakt zu dieser kleinen Muschel. Nach langem recherchieren, grübeln und rationalem Nachdenken -was ihr Freund ganz gut draufhat(te) - kamen sie zu dem Entschluss, dass es nichts anderes als ein Zeichen sein kann. Ein Zeichen, welches der Familie Mut macht. Wir sehen uns wieder. Ganz sicher!

Und so höre ich immer wieder als Trauerredner und Bestatter, Geschichten von Menschen, obwohl ich sie meistens gar nicht danach frage. Es ist manchmal, als wenn man mir die Berufung anmerkt oder sie spürt. Es ist nicht so, dass fremde Menschen mir als Angehörige ihre Geschichten anvertrauen. Nicht nur! Des Öfteren geschieht es mir in Restaurants, Biergärten oder Cafés, dass man mit mir ins Gespräch kommt. Ich glaube, ich könnte sagen, ich bin Metzger oder Weinverkäufer; sie würden es mir trotzdem erzählen. So, wie die zu Beginn des Buches erwähnte Inge. Aber die erzählte es mir ja nicht. Sie schrie. Menschen, die schreien, haben Unrecht oder Angst. Die Menschen, die sich mir aufrichtig anvertrauten, erzählten mir ihre Begegnungen in Ruhe und von Angst befreit. Du kannst es für Dich entscheiden, ob Du daran glauben willst oder ob Du doch nur halluzinierende Personen wahrnimmst. Ich für meinen Teil glaube, dass wir nur ein Teil dieser Geschichte sind, die jetzt gerade stattfindet. Manchmal sitze ich an meinem Controller, spiele FIFA zur Ablenkung und stelle mir vor, dass auch ich nur gesteuert bin. Vielleicht bin ich nur ein Avatar, der gerade eine Episode erlebt, die ihn für das nächste Leben reifen lässt. Fehler, die ich beging, dürfen nicht mehr stattfinden. Dafür gibt mir das jetzige Leben eine Chance. Eine einmalige! Zumindest fühle ich mich wie im letzten Level und nur noch einen Sprung zum großen Finale, welches ich gewinne. Für mich gewinne und für viele andere, die an mich glaubten und denen ich vielleicht, nein sicher auch wehtat in meinem, in deren Leben. Sieh, in diesem Moment bemerke ich, dass die Uhr über meinem Schreibtisch stehen geblieben ist. Sie zeigt 16:44 Uhr und es ist 18:05 Uhr! 16:44 Uhr! Und ich möchte einen kleinen Scherz machen, dass das bestimmt ein Zeichen ist. Ein gutes Zeichen, dass die Batterie leer ist. Bevor ich dies aber schreiben möchte, google ich vorsichtshalber Zahlen und deren Bedeutung.

Die 44 steht für *-halt Dich fest-* eine Engelszahl.

Zitat: *Da Du von höheren Mächten beobachtet wirst, kannst Du Entscheidungen und Prioritäten treffen, ohne Dir große Sorgen um die Ergebnisse zu machen. Du bekommst Unterstützung und Erfolg. Die Engelszahl 44 trägt die Botschaft, dass du bald göttliche Segnungen empfangen wirst. Sobald du diese empfangen hast, wirst du inspiriert sein und mit mehr Sinn durchs Leben gehen. Die Engelszahl 44 ist auch eine Erinnerung daran, sich auf sein eigenes Licht zu konzentrieren und sich darauf zu besinnen, warum man auf dieser Welt ist. Du wirst dich weniger verängstigt und dafür umso begeisterter fühlen, wenn du herausfindest, was du mit der Engelszahl 44 erlangst.*

Wobei ich unter göttliche Segnungen keine Segnungen verstehe, die ich von einem Gott erhalte. Sie fühlen sich nach dem Volksmund einfach „göttlich" an. Nimm sie wahr. Und nun fällt mir noch die Mail von Christian ins Auge. Ein 19-jähriger Vollidiot ist am 24.12.2021 frontal mit seinem PKW auf den Wagen von Christians Frau geknallt. Sie wollte nur noch eine kleine Besorgung für ihre Liebsten tätigen. Der junge Mann bekam eine Schramme ab. Christians Frau war sofort tot. Ein Grund mehr, den Sohn meiner Frau zu ermutigen, zusätzliche Fahrtrainings an junge Leute, die ihren

Führerschein erwarben, zu geben. Ich weiß, er ist ein guter und umsichtiger Fahrer. Sie wären bei ihm gut aufgehoben und ich bin sicher, man könnte den ein oder anderen Crash in Zukunft verhindern. Christian schreibt mir also: "*Hallo Eric,* hoffe alles gut. *Habe heute vom Bestatter die Sterbeurkunden bekommen. Datum 24.12.2021 Uhrzeit 12:24*

24+12+20+21+12+24 = 113 Was bedeutet die Zahl 113 in der Astrologie? Engel Nummer 113 ist eine Botschaft von euren Engeln und den aufgestiegenen Meistern, dass ihr viel beizutragen habt. Eure kreativen Kräfte sind auf dem Vormarsch und ihr strahlt eine Schwingung aus, die andere sicher fesselnd finden werden. Engel Nummer 113 erhält seine Schwingungsbedeutung durch den kombinierten Einfluss der Zahlen 1 und 3- Christian ist sich sicher, dass sein nächstes Kennzeichen auf alle Fälle die Ziffern 113 haben wird. So bekommen wir immer wieder Signale, Zeichen, Hoffnung auf ein Wiedersehen und Hoffnung, dass es weiter geht. Nur eine Weile auf dieser Erde noch einige kleine Kämpfe und Widrigkeiten überstehen. Aushalten. Schmerzen bekommen und wissen, dass diese vergehen, wenn wir gehen. Und während ich schreibe, höre ich, wie meine Uhr über dem Schreibtisch tickt. Ich hatte die Batterie noch gar nicht ausgewechselt, aber sie tickt. Doch stell' Dir vor: Sie steht immer noch auf Minute

44! - *Na so was!* - Wenn Seelen gehen, gehen sie nur vor. Wir kommen nach. Wir sehen unsere Kinder wieder, unsere Eltern, unsere Großeltern und alle die, die vorgingen. Es gibt dort keine Gefühle mehr des Neides, des Hasses, der Missgunst und es wird keine Kriege mehr geben. Was Du letztendlich nun mit den aufgeführten Berichten in diesem Buch anfängst, ist Dir überlassen. Urteile oder beurteile selbst kritisch, was könnte wirklich stattgefunden haben, was könnte halluziniert sein. Die Hoffnung stirbt zuletzt. Ob Du's glaubst oder nicht.

NACHWORT? Gibt es genauso wenig, wie ein Kapitel, aber wenn Du es als Zeichen ansiehst, dass einer Frau morgens die Tasse, die ein Mädchen ihrem Vater schenkte und er diese als seine Lieblingstasse ansah, zerbricht – - i*m Grunde brach der Henkel ab* – und die Tochter am gleichen Tag noch mit ihrem Vater per WhatsApp Schluss macht, dann solltest Du Dir mein Buch „Heute mache ich mit meinen Eltern Schluss! Wieso das denn jetzt?“ bestellen. Übrigens ist heute der 17.März 2022. Das Buch geht zur Korrektur, bzw. befindet sich gerade in meiner Korrekturphase. Heute früh bekam ich von Google eine Erinnerung, dass mein Buch "Angst vor dem Tod? Wieso das denn jetzt?" Genau vor einem Jahr erschien. Am 17. März 2021! Ich wusste es nicht. Ich habe ein enormes Zeitgefühl, mache mir aber nichts aus Daten. Könnte ja ein Zeichen sein!

Mach's gut!

FSC
www.fsc.org
MIX
Papier | Fördert
gute Waldnutzung
FSC® C083411

Zeitfracht Medien GmbH
Ferdinand-Jühlke-Straße 7
99095 Erfurt, Deutschland
produktsicherheit@kolibri360.de